소크라테스를 구출하라

철학 판타지 02
소크라테스를 구출하라

초판 1쇄 2007년 8월 30일
초판 7쇄 2009년 7월 16일
개정판 1쇄 2013년 7월 1일
개정판 2쇄 2017년 7월 17일

지은이 | 좌백
감   수 | 한국철학사상연구회
발행인 | 정은영
책임편집 | 고은영, 김지수
디자인 | 염단야
일러스트 | 왕지성

펴낸곳 | 마리북스
출판등록 | 2007년 4월 4일 제 2010-000032호
주소 | 03925 서울시 마포구 월드컵북로 400 문화콘텐츠센터 5층 21호

전화 | 02)324-0529, 0530
팩스 | 02)324-0531
홈페이지 | www.maribooks.com
인쇄 | (주)현문자현

ISBN 978-89-94011-38-7 43100
       978-89-94011-31-8 (set)

소크라테스를 구출하라

청소년을 위한

철학 판타지 소설

좌백 글 | **왕지성** 그림 | **한국철학사상연구회** 감수

마리북

철학은
지혜에 대한 사랑

철학이란 '그리스인처럼 생각하는 것'이라는 말이 있습니다. 그리스인들이 인류 최초로 합리적, 이성적으로 생각했다고 합니다. 그래서 철학이라는 학문은 그리스인들로부터 시작되었습니다.

그리스 로마 신화를 잘 아시지요? 바로 그 재미있는 신화들을 만들어낸 사람들이 철학도 만들어냈습니다. 그런데 사실 신화도 철학도 원래는 한 가지 목적을 위해 만들어진 것입니다. 바로 세계를 설명하기 위한 것이죠.

오늘날처럼 과학이 발달하지 않은 고대에는 우리를 둘러싼 세계를 설명한다는 것이 쉽지 않았습니다. 번개는 왜 칠까요? 지금 우리는 이게 전기 현상인 것을 잘 알고 있습니다. 하지만 고대에는 그걸 몰랐고, 그래서 사람들은 어떤 위대한 신이 싸울 때, 혹은 누군가를 징벌할 때 던지는 무기라고 설명했습니다. 바로 제우스 신이 말입니다.

바다의 풍랑은 왜 만들어지는 걸까요? 고대 그리스 사람들은 바다의 신 포세이돈이 삼지창을 휘둘러서 만드는 것이라고 설명했습니다. 이처럼 신화는 단순히 재미있는 이야기가 아니라 고대인들이 나름대로 세계를 설명하는 방식이었습니다.

철학도 마찬가지입니다. 철학은 미래를 점치거나 어려운 이야기를 늘어놓는 것이 아닙니다. 우리 자신과 우리 주변의 것들에 대해 생각한 것을 이야기하는 것이죠. 즉 우리 자신과 세계에 대한 설명입니다.

철학이 신화와 다른 점은, 그래서 철학이 탄생할 수 있었던 것은 초기의 철학자들이 합리적인 설명을 시도했기 때문입니다. 이 책에도 등장하는 탈레스니 파르메니데스니 하는 철학자들이 세상을 설명하는 데 사용한 도구는 바로 이성이었습니다.

이 최초의 철학자들은 왜 그랬을까요? 이전까지 내려오던 방식으로 생각해도 그만이었을 텐데 왜 이성을 도구로 삼아 세계를 설명하려 했을까요? 그건 다른 문화를 가진 사람들은 다른 방식으로 살고, 생각하고, 믿는다는 것을 알게 됐기 때문입니다.

최초의 철학자들이 태어나고 살았던 곳은 지금의 그리스와 터키 사이에 점점이 흩어져 있는 섬들이었습니다. 밀레투스니 이오

니아라고 부르는 곳이죠. 지역적인 특성상 이들은 그리스와 당시 페르시아 사이를 오가며 활발한 무역 활동을 했습니다. 그러면서 자연스럽게 양쪽의 문화를 모두 접하게 되었던 것입니다.

그리스에서는 그리스 신화를 믿었습니다. 페르시아는 당연히 자기들의 신화를 믿었겠죠. 페르시아에서는 번개의 신 제우스도, 풍랑을 일으키는 바다의 신 포세이돈도 믿지 않았던 것입니다. 그럼 어느 쪽이 옳다고 생각해야 할까요.

어떤 나라에선 사람이 죽으면 땅에 묻습니다. 또 다른 어떤 나라는 불에 태우고 가루는 강에 뿌리죠. 그런가 하면 새가 먹도록 하는 나라도 있습니다. 어떻게 하는 게 가장 옳은 방식일까요.

최초의 철학자들은 이런 다양한 문화들을 접하면서 어쩌면 자신이 믿고 살아왔던 방식 말고도 옳은 방식이 있지 않을까. 아니, 그 모든 방식들이 어쩌면 각자 다 옳은 방식은 아닐까 의문을 품었습니다. 그러면서 그들이 전통적으로 믿어오던 신화라는 사고 방식에서 벗어나 이성에 의거해 질문을 던지고, 생각하며, 대답을 하기 시작한 것입니다. 이것이 바로 철학의 탄생이죠. 그리고 학문의 탄생이기도 합니다.

이 책의 주인공 지누는 기원전 6세기경의 그리스에서 출발해 기원전 3세기경의 아테네까지 시간 여행을 합니다. 신화의 세계에서 철학이 탄생하는 순간을 목격하고, 철학이 원래 가졌던 세계에 대한 관심을 인간에게로 돌려놓은 철학자 소크라테스를 만납니다. 그러면서 여러분은 인간의 지혜가 어떤 식으로 발전해왔는지

보실 수 있을 겁니다. 철학은 한편으로는 '지혜에 대한 사랑'이기도 하거든요.

그 여정이 모쪼록 여러분에게도 흥미진진한 것이기를 바랍니다.

좌백

차 례

여행 떠나기

지누는 책꽂이 앞에 서 있었다. 이번에는 어떤 책을 뽑을까 고민하면서.

'이번에는'이라고 강조한 이유는 이미 한 번 책을 뽑은 경험이 있기 때문이다. 이 이상한 서재에서, 이상한 책을 뽑는 바람에 죽도록 고생했다. '논리의 미궁'이라는 아주 이상한 세계에 가서 모험을 하고 돌아온 것이다.

책을 뽑는다고 해서 무슨 이상한 일이 생기냐고 할지 모르지만 그건 이곳이 이상한 서재이기 때문이고, 이 이상한 서재에는 이상한 책이 잔뜩 있기 때문이다. 우선 보통 서재나 도서관에서는 상상할 수도 없을 만큼 책꽂이가 많다. 그리고 책꽂이마다 책이 잔뜩 꽂혀 있는데 잘

못 꺼내서 펼쳤다가는 무서운 일을 당하게 될지도 모른다. 책 속에서 공룡이 튀어나온다거나 하는 무서운 일 말이다. 어쩌면 유령이나 야수들이 나올지도 모르고.

"어떤 책이 좋을까?"

"네가 좋아할 만한 책이 아무래도 좋겠지."

옆에 서 있던 애지가 말했다. 애지는 이 서재 안에서 유령처럼 떠도는 여자애다. 대체 어디서 왔는지, 왜 여기 있는지조차 모른다. 애지가 가르쳐주려고 하지도 않는다. 어쩌면 얘도 책 속에서 튀어나온 이상한 존재가 아닐까. 하지만 별로 위험한 것 같지 않아서 같이 놀아준다. 사실은 애지가 지누랑 놀아주는 것일지도 모르지만.

지누가 좋아할 책은 좋은 일이 생길 만한 책이다. 논리의 미궁에서처럼 생고생은 더 이상 하고 싶지 않다. 뭔가 재미나고 흥미진진하며 신나는 그런 일을 하고 싶다. 놀이공원에 놀러 갔을 때처럼 말이다.

바로 그런 경험을 하게 해줄 책이 어떤 것인지 알고 싶지만 애지는 전혀 도움을 주려 하지 않는다. 하긴 지누가 뭘 좋아하는지 애지가 어떻게 알겠는가. 지누 스스로 찾아보는 것이 옳은 듯싶다.

뭔가 재미나고 흥미진진하며 신나 보이는 그런 책이 어디 없을까 싶어 지누는 다시 책꽂이를 살펴보았다. 물론 내용을 확인하면 알 수도 있겠지만 이 많은 책들을 언제 일일이 읽어보고 있겠는가. 그러니 책꽂이에 꽂힌 상태에서 그런 느낌을 주는 책이 혹시 어디 없을까 하고 찾는 것이다.

그때 지누의 눈에 특이하게 생긴 책이 한 권 보였다. 어떻게 특이하냐 하면 우선 아주 컸다. 지누 키만큼이나 컸다. 그리고 표지가 평범한 책처럼 종이로 만들어진 게 아니라 고급스런 가죽으로 만들어져 있고 금박으로 제목까지 새겨놓았다.

그리스 철학이라는 책이었다.

그리스 철학? 그리스의 철학이라는 걸까? 그리스라면 유럽에 있는 나라 아닌가. 올림픽이 처음 시작된 곳이기도 하고. 지누가 그리스에 대해 아는 지식은 그게 다였다.

하지만 그리스라 하면 일단 외국이니까 구경할 것은 많을 듯싶었다. 어쩌면 신기하고 재미난 일이 생길지도 모른다. 지누는 손을 내밀어 책을 빼려다가 다시 오므렸다. 한 번 더 생각해보고 선택해야겠다 싶어서다. 논리학 책도 뭔지 모르고 빼들었다가 그 고생을 하지 않았더냐. 고생과 행복은 지금 이 한 번의 선택에 달렸다.

책은 고급스럽게 보이지만 너무 컸다. 이런 책을 들고 다니는 건 아무래도 무리다. 트럭이라도 있어야 할 것 같지 않은가. 하지만 논리학 책처럼 이 책도 날개를 달고 날아다닐지도 모른다. 지누는 이 서재에서 날아다니는 책도 본 일이 있다.

하지만 이게 그런 책이 아니면?

지누는 자기도 모르게 인상을 썼다. 가볍다면 좋은 일이지만 이렇게나 큰 책이 무겁기라도 하면 지누 같은 약골은 깔려 죽을지도 모른다. 죽고 싶지도 않지만 책에 깔려 죽기란 정말 싫다. 어, 그리고 이 책이 그리스 말로 떠들어대면 어떡하지?

그렇게 망설이면서 지누는 손끝으로 책을 살짝 건드렸다. 말 그대로 살짝 건드린 것뿐이다. 그런데 책이 헐겁게 꽂혀 있었는지, 아니면 책꽂이가 기울어 있었는지, 그도 아니면 불행의 여신이 책 뒤에서 밀어 버리기라도 했는지 책이 훌렁 빠지더니 지누를 깔아뭉갰다.

으아아아아아악~!

말이 씨가 된다더니 그야말로 책에 깔려 죽겠구나 하는 게 지누가 떠올린 첫 번째 생각이었다. 그다음엔 무겁다는 생각, 아니 고통이었다. 책은 정말 무거웠다. 그리고 컸다. 책에 가려서 눈앞이 깜깜해질 정도였다. 하지만 사실은, 그게 정신을 잃는 과정이라는 걸 지누는 몰랐다. 정신을 잃었으니까 모르는 것도 당연하다.

PART 1 첫째 날

모험 1

델포이 신전

파란 하늘이다.

눈을 뜨고 지누는 그렇게 생각했다. 먹구름이 끼지 않았다면 하늘이 파란 건 당연하다. 그런데 지금 지누가 보는 하늘은 너무나 파랗다. 아름다운 한국의 가을 하늘과는 느낌이 아주 달랐다. 한국의 가을 하늘이 고려청자의 파란빛이라면 이곳 하늘은 청색 그림물감을 그대로 발라놓은 것처럼 파랗다. 너무나 파래서 부자연스러워 보이기까지 하다.

"계속 그렇게 바보처럼 입 벌리고 누워 있을 거야?"

파란 하늘을 배경으로 여자애 얼굴이 나타났다. 얄미운 말만 골라서 하는 애지의 얼굴이다. 지누는 눈을 깜박이며 물었다.

"여긴 어디?"

그러곤 퍼뜩 떠오른 듯 장난스럽게 다시 한 번 물었다.

"나는 누구?"

기억상실이라도 걸린 듯한 흉내를 내본 것인데 애지는 웃지 않았다. 대신 인상을 찌푸렸다.

"너 정말 네가 누군지도 모를 정도로 바보가 된 거야?"

이때쯤에는 지누도 대충 상황을 파악했다. 책에 깔려서 정신을 잃은 동안 책 속의 세계로 들어온 모양이었다. 즉 모험은 이미 시작된 것이다. 그리고 이 부자연스러울 정도로 파란 하늘은 바로 책 속 세계의 하늘이겠지. 어쩌면 그리스의 하늘인지도 모른다.

지누는 일어나 앉았다. 그리고 애지에게 투덜거렸다.

"농담도 못하겠네."

"농담할 상황이 아닐 텐데?"

애지의 말이 왠지 불안하게 만들었지만 지누는 지금 자신이 있는 장소를 보느라 넋이 나간 상황이어서 대꾸도 못했다.

엄청나게 큰 돌기둥들이 줄지어 서 있었다. 사진에서 본 그리스의 신전 같은 모습인데 그것과도 많이 달랐다. 사진 속에는 기둥만 죽 늘어서 있지 않았는가. 그나마 반쯤은 부러져 나갔고. 하지만 이곳의 기둥들은 다 멀쩡했다. 기둥 사이에는 당연히 벽이 있고 위에는 지붕도 있다. 즉 온전한 모습의 그리스 신전이다.

신전 앞이며 지붕 위에는 벌거벗은 남녀의 모습을 조각해놓은 석상들이 즐비하게 늘어서 있고, 입구 양옆에는 커다란 돌솥 같은 것에서 불길이 타오르고 있었다. 많은 사람들이 그 입구를 통해 들어가거나 혹은 나오고 있었는데 여자들은 잘 보이지 않고 대부분 남자들이었다.

복장도 신기했다. 커다란 커튼 같은 것을 어깨에서부터 둘러 치마나 원피스처럼 입고 있지 않은가. 수염 무성한 남자들이 그런 복장을 하니 무척 어색한 느낌이었다.

이런 곳에 서 있으니 지누와 애지가 무척 특이해 보일 게 틀림없었다. 다행히 괴물로는 보지 않는지 힐끗힐끗 쳐다보고 지나가기만 할 뿐 크게 놀라지는 않는 것 같았다. 하지만 이렇게 많은 이방인들 속에서 언제까지 안전하게 있을 수 있을까.

이제는 안 물어볼 수가 없었다.

"애지야, 여긴 대체 어디야? 왠지 현대 그리스 같지 않은데?"

애지는 고개를 끄덕였다.

"과거의 그리스로 온 것 같아. 그리고 여기는 델포이 신전이라는 곳이야. 아폴론 신을 모시는 곳이지. 지금은, 그러니까 네가 살던 현대에는 이미 무너져서 흔적만 남은 곳이야. 그런데 이렇게 멀쩡한 모습인 걸 보니 아주 오래전으로 온 거지. 아마 이천 년쯤 거슬러 올라온 것 같은데?"

지누는 잠시 입을 벌렸다가 다물었다. 이거야말로 그 유명한 타

임 슬립이라는 걸 한 게 아닌가. 바로 시간 여행 말이다.

애지가 그들에게서 가까이 있는 한 기둥을 가리키며 물었다.

"저기 뭐라고 새겨져 있게?"

지누는 일어나서 기둥으로 가봤다. 난생처음 보는 글자, 아니 그림 같은 것이 새겨져 있었다. 지누가 볼멘소리로 말했다.

"내가 이런 걸 알 게 뭐야."

애지가 킥킥 웃으며 말했다.

"아까 네가 한 재미없는 농담 말야. 참 묘한 곳에서 했다 싶어. 거기 그 기둥에는 그리스 글자로 '너 자신을 알라'라고 새겨져 있거든."

너 자신을 알라? 이건 어디서 많이 들은 말이다. 지누가 반사적

소크라테스를 구출하라

으로 말했다.

"그건 소크라테스가 한 말이잖아."

애지가 여전히 웃으며 고개를 저었다.

"그렇게들 알고 있지만 사실은 여기 아폴론 신전 입구에 새겨져 있는 말이었어. 소크라테스는 단지 그걸 옮겨 말했을 뿐이지."

애지가 또 하나의 질문을 던졌다.

"아폴론 신이 뭔지는 알아?"

지누는 고개를 저었다가 이내 다시 끄덕였다.

그리스 로마 신화라면 만화책으로 봤다. 거기 아폴론 신이 나오지 않는가.

"올림포스의 12신 중 하나야. 태양의 신이라고도 하지."

어때, 오랜만에 나도 아는 척 좀 해봤다고 지누는 내심 뿌듯해하고 있는데 애지는 별로 감탄스러워하는 모습이 아니었다.

"예언의 신이기도 해. 그게 아마 우리에게 중요할 것 같아."

"예언이 왜?"

"신탁이라고 들어봤어?"

이건 모르는 단어다. 지누는 고개를 저었다.

"아니."

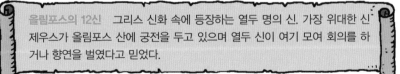

올림포스의 12신 그리스 신화 속에 등장하는 열두 명의 신. 가장 위대한 신 제우스가 올림포스 산에 궁전을 두고 있으며 열두 신이 여기 모여 회의를 하거나 향연을 벌였다고 믿었다.

애지가 신전을 가리키며 말했다.

"신전에는 신을 모시는 신관과 무녀가 있어. 교회로 치면 목사님, 절로 치면 스님 격인 사람들이지. 그런데 목사님이나 스님들과는 달리 이 시대의 신관과 무녀들은 예언을 했다는 거야. 앞날을 알고 싶은 사람들은 여기 와서 부탁을 하겠지. 그럼 신관과 무녀들이 신에게 그 부탁을 전해주는 제사를 지내는 거야. 신은 신관과 무녀만 듣도록 속삭여준대. 그걸 부탁한 사람에게 전해주는 걸 신탁이라고 해."

애지는 이제 알겠냐고 묻는 듯이 지누를 바라보았다. 알 것 같기도 하다, 모르겠다.

"그게 왜 중요한데?"

그러자 애지가 답답하다는 듯 말했다.

"여기는 신탁으로도 유명한 곳이라는 거야. 아폴론 신이 예언의 신이니까. 다른 신들보다도 더 정확하게 미래를 알려준다는 거지."

지누는 여전히 이해하지 못하고 다시 물었다.

"글쎄, 그러니까 그게 왜 중요하냐고?"

"우리한테 책이 없으니까."

"책이 없어?"

이제 애지는 포기한 듯 하나하나 설명했다.

"네가 책을 제대로 뽑지 못하고 깔리는 바람에 우린 이 세계로 그냥 떨어졌고, 책은 없어. 이제 알겠니?"

"책이 없으면 뭐가 문제야?"

너무 답답한 나머지 포기한 쪽은 오히려 지누였다. 대체 그게 왜 문제란 말이냐. 애지가 말했다.

"어제 간 곳을 생각해봐. 책이 계속 붙어 다니며 도와줬잖아."

"그랬지."

"이젠 그런 도움을 못 받는다는 거야."

지누는 이 세계로 넘어온 이후 처음으로 불안해지기 시작했다. 슬슬 애지의 말을 알아듣기 시작한 것이다.

"그거 문제네."

"뿐만 아니라……."

"뭐가 더 있어?"

"여기서 뭘 어떻게 해야 원래 세계로 돌아갈 수 있는지 나도 모른다는 거야."

지누는 화들짝 놀랐다.

"너도 몰라?"

그건 정말 문제다.

애지는 고개를 살래살래 저었다.

"몰라. 원래는 책이 힌트를 줘야 하는데 책이 없잖아. 그리고 너도 알다시피 내가 원래 이렇게 친절하게 알려주는 애가 아닌데 이상하게 친절하다 싶지 않니?"

하긴 조금 전부터 이상하다고 생각하던 참이었다. 지누는 점점 더 불안해져서 연달아 질문을 던졌다.

"그럼 전혀 방법이 없는 거야? 우린 계속 여기 있어야 하는 거야?"

"책을 찾아봐야지."

그래, 방법을 알고 있었으면서 계집애 얄밉게도 모르는 척했구나.

"어디서?"

"물론 모르지."

순하고 착한 지누도 이쯤 되면 화가 날 수밖에 없다.

"지금 나 놀리는 거지?"

"아니."

"놀리는 것 같은데?"

"전혀 아냐."

애지는 진지하게 말했다.

"책이 어디 있는지는 모르지만 어떻게 하면 찾을 수 있을지는 짐작이 가. 그게 지금까지 입이 아프도록 떠든 이유야."

"어떻게 하면 찾을 수 있는데?"

"아폴론 신에게 물어보는 거지."

지누는 잠시 입을 다물고 애지를 노려보았다. 역시 놀리는 게 맞는 것 같다. "너 설마 진짜로 아폴론 신이 있고, 물어보면 대답도 해준다고 믿는 거야?"

애지는 놀랍게도 고개를 끄덕였다.

"신관이나 무녀를 통해서."

"너 바보 아니니?"

더 말하려고 하는 지누에게 애지가 손을 내밀어 말문을 막았다.

"뭐는 불가능하겠니? 여긴 책 속의 세곈데."

지누는 그야말로 말문이 막혔다. 애지가 쐐기를 박았다.

"어제 겪은 일을 생각해봐."

안 그래도 그 황당했던 일들이 생각나던 참이었다. 논리의 미궁이 있으면 아폴론 신인들 없을까. 무녀를 통해 예언한다는 말을 못 믿을 게 또 뭐 있겠는가. 그때 마지막으로 쐐기를 박는 일이 일어났다. 신전에서 한 여자가 나오더니 그들을 향해 다가와 말을 거는 것이다.

"멀리 동방에서 오신 손님들이여, 저는 위대한 황제 네로 폐하의 명을 받들어 이곳 델포이의 아폴론 신전에서 무녀로 봉사하고 있는 알렉시아라고 하옵니다. 지난밤 아폴론 신께서 나타나 말씀하시길, 동방에서 손님들이 올 것이니 그분들을 맞이하여 신탁을 전하라 하셨기에 종일 기다리고 있었습니다."

분명히 귀에 들리는 것은 알아듣지 못할 외국어인데 의미는 정확하게 머릿속으로 전달된다. 지누는 당황해서 입만 벌리고 있었지만 애지는 침착하게 그 외국인 여자를 마주 보며 한국어로 말했다.

"고귀하신 무녀께 신의 가호가 있기를 바랍니다. 아폴론 신께서 저희에게 내려주신 신탁은 무엇입니까?"

한국어로 말했는데도 그 외국인 여자는 다 알아들은 모양이었다. 미소를 지으며 '손님들에게도 신의 가호가 있기를'이라고 화답한 후 갑자기 엄숙하게 낯빛을 가다듬더니 말했다.

"그대들이 찾는 것은 멀리 있지 않지만 그대들은 먼 여행을 하게 되리라. 바다의 끝, 세상의 저편을 돌아 섬과 협곡을 헤매게 되리라. 가야 할 곳은 가깝지만 먼 시간을 항해해서야 가게 되리라. 그리고 그곳에서 소크라테스를 구해야 하리라. 돌아가는 길은 그로 하여 생기게 될 것이므로. 기억해야 할 두 이름은 아테나와 아테네."

잠시 침묵이 흘렀다.

지누가 물었다.

"그게 다예요?"

애지가 급히 지누의 입을 막고는 알렉시아에게 말했다.

"친절한 알렉시아 무녀님, 먼 길을 온 우리 두 여행자에게 조금만 더 친절을 베풀어주세요. 마지막 두 단어는 어떻게 해석해야 하나요?"

알렉시아가 손을 들고 말했다.

"지혜와 학문을 관장하는 여신 아테나의 이름은 동방에서도 들어보셨겠지요. 그리고 아테네는 고대의 도시 이름이지요. 바로 아테나 여신을 모시는 도시였습니다만, 멸망한 지 이미 오래된 곳인데 왜 그 이름이 언급되었는지 모르겠습니다. 하지만 저 산 아래 아테나 신전에 가시면 무언가 도움을 얻을 수 있을지도 모르겠다는 말씀을 전해드릴 수 있어 기쁩니다."

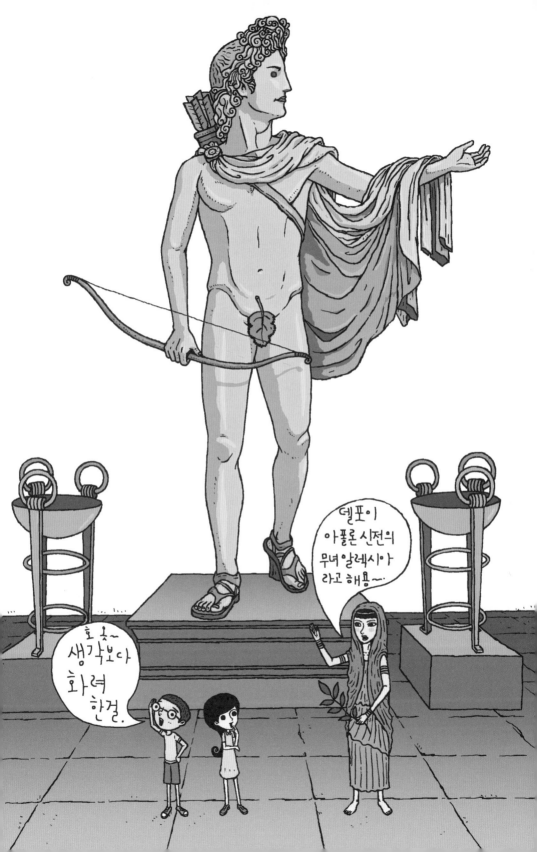

지누는 신전이 있는 반대 방향, 즉 산 아래를 내려다보았다. 거기에도 하얀 석조 건물이 하나 서 있었다. 그게 아테나 신전인 듯했다. 다시 고개를 돌리자 알렉시아는 가볍게 고개를 숙여 인사하고는 신전을 향해 가버렸다.

"이제 어떻게 하지?"

"아테나 신전에 가봐야지."

애지가 태연하게 대답했다.

지누는 눈을 깜박거리며 애지를 바라보았다.

"방금 그 신탁을 믿는 거야?"

"그게 유일한 힌트인데 믿어야지 어쩌겠어."

그렇게 말하고 애지는 앞장서서 산을 내려가기 시작했다. 지누가 그 뒤를 바짝 쫓으며 말했다.

"방금 그 무녀가 네로 황제 이야기 한 거 기억해?"

"응."

"그럼 우리가 지금 네로 황제 시대로 왔다는 거잖아."

"그런가봐."

"폭군으로 유명한 그 네로 황제 시대란 말이지?"

"다른 네로 황제가 있다는 말은 못 들었으니 아마 그렇겠지."

"대체 왜 여기로 오게 된 걸까?"

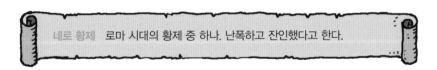
네로 황제 로마 시대의 황제 중 하나. 난폭하고 잔인했다고 한다.

애지는 대답하지 않았다. 지누가 계속 말했다.

"신탁대로라면 소크라테스를 구해야 하는 거잖아. 그런데 소크라테스는 아테네 사람이고, 아까 무녀도 말했듯이 아테네는 이미 멸망한 곳이야. 소크라테스도 이미 옛날에 죽었겠지. 그럼 구할 수 없는 거잖아."

"그렇겠네."

"그렇겠네가 아니지. 소크라테스를 못 구하면 우린 돌아가지 못한다고. 그런데 지금 우린 소크라테스를 구하긴커녕 볼 수도 없게 생겼어. 큰일 난 거잖아."

애지가 갑자기 걸음을 멈추고 돌아서더니 입술에 손가락을 댔다.

"전에도 말했지만 이곳엔 이유 없이 일어나는 일은 아무것도 없어. 이 시대로 온 건 분명히 뭔가 우리에게 필요한 게 있어서일 거야. 그러니까 일이 어떻게 돼가는지 조금 더 두고 보자."

"내 말은……."

"쉿!"

애지는 더 이상 대꾸하지 않겠다는 듯 쉿 소리를 내고는 다시 산을 내려가기 시작했다. 지누는 그 뒤에서 입을 삐죽 내밀고는 따라 걸어갔다. 분명 애지는 앞으로 어떤 일이 일어날지 다 알고 있을 것이다. 그걸 미리 좀 알려주면 쉽지 않겠느냐 하는 게 지누의 생각이었다. 하지만 애지가 알려주지 않겠다고 하면 물어봤자 아무 소용 없다는 건 이미 잘 알고 있는 일이었다. 그러니 애지 말대로 어떤 일이 일어날지 기다려볼 수밖에 없겠지.

모험 2

아테나의 배

"아, 그걸 못 보고 그냥 왔네!"

"뭘?"

"옴파로스!"

"그게 뭔데?"

"대지의 배꼽!"

"그건 또 무슨 소리야?"

"옴파로스가 바로 대지의 배꼽이라는 뜻이야."

아폴론 신전에서 아테나 신전을 향해 가는 길은 그리 험하지 않았다. 터덜터덜거리며 내려가던 중에 애지가 묘한 이야기를 꺼냈다.

그리스 사람들은 세상의 중심이 그리스라 생각하고, 그중에서도 중심이 델포이라고 생각한다는 것이다. 그래서 아폴론 신전 지하에 세상의 중심을 상징하는 대지의 배꼽을 모셔다 두었는데 그게 바로 옴파로스라고 한다.

막상 보면 평범한 바위처럼 보이는 이 옴파로스에도 사연이 있었다. 올림포스의 12신 중 최고의 신은 제우스라는 것 정도는 지누도 알고 있다. 그 제우스의 부모가 크로노스와 레아라는 이야기는 어디선가 보긴 했지만 기억은 못하고 있었다. 하지만 레아가 낳은 아이들 가운데 신들의 왕 자리에서 자신을 쫓아낼 자식이 태어난다는 예언을 받고 크로노스가 태어나는 아이들을 모두 삼켜버렸다는 이야기를 듣자 가물가물 기억이 되돌아왔다.

"아, 태어난 아이 대신 바위를 삼키게 하고 아이를 몰래 키웠는데, 예언대로 자라난 아이가 어머니와 힘을 합쳐 아버지가 예전에 삼킨 형제들까지 다 꺼낸 다음, 왕좌에 올랐다는 그 이야기?"

애지는 고개를 끄덕였다.

"그래. 그때 제우스 대신 삼켜진 바위가 바로⋯⋯."

"옴파로스!"

"맞아."

크로노스 그리스 신화에서 최고신 제우스의 아버지. 누이인 레아와 결혼하여 제우스, 하데스 등 여섯 자식을 낳았는데 자기 자식에게 지배권을 빼앗긴다는 예언 때문에 태어난 자식들을 차례로 삼켜버렸다. 레아가 제우스만은 숨기고 대신 돌을 삼키게 했는데 나중에 결국 크로노스는 제우스에게 추방당한다.

소크라테스를 구출하라

지누는 걸음을 멈췄다.

"보러 가자!"

그렇게 신기한 바위라면 꼭 봐야 하는 것 아닌가.

애지가 산 위를 가리켰다.

"지금까지 내려온 길을 다시 올라가야 하는데?"

언제 이렇게 많이 내려왔을까. 그리 멀지 않은 길이라고 생각했
는데 어느새 아폴론 신전은 저만치 산꼭대기에 가물가물 보이고
있었다. 내려올 땐 쉬웠지만 올라갈 땐 등산하듯 가야 한다. 그것
만으로도 보러 갈 마음이 줄어드는데 애지가 덧붙이는 말에 그 마
음은 완전히 사라지고 말았다.

"가봤자 지하에 숨겨두고 있을 뿐 아니라, 신관이 특별히 허락
하지 않으면 잘 보여주지도 않아. 그리고 직접 보면 실망할
거야. 그냥 평범한 바위처럼 보이니까."

지누는 다시 걸음을 옮겼다. 물론 아래쪽으로 향하는 걸음이었다.

"쳇, 볼 것도 없다면 애초에 이야기는 왜 꺼낸 거야."

애지는 이제 부쩍 가까워진 아테나 신전을 가리키며 말했다.

"우연의 일치겠지만 아테나 여신도 옴파로스처럼 한 번 삼켜진 일이 있거든. 태어나기도 전에 어머니와 함께 아버지인 제우스에게 삼켜졌지. 태어날 아이가 자기보다 더 뛰어날 거라는 예언 때문에."

역시 가물가물했던 지누의 기억이 되살아났다.

"그래, 그런데 태어날 때쯤 심한 두통을 못 견딘 제우스가 자기 머리를 도끼로 찍었더니 거기서 완전무장한 아테나 여신이 달려 나왔다는 이야기는 나도 들어봤어."

말을 멈추고 지누는 끔찍하다는 듯 진저리를 쳤다.

"여기 신들은 좀 엽기적인 것 같아."

애지는 지누의 감상을 무시하고 계속 말했다.

"그 신화가 말하는 건 아테나가 제우스보다 뛰어나다는 점이야. 모든 면에서는 아닐지 몰라도 아테나 여신이 담당하는 분야에선 그렇지. 학문과 기술, 인간이 지혜라고 부르는 모든 분야에서 말야."

문득 애지가 걸음을 멈추었다. 그러곤 목소리를 낮추어 속삭였다.

"벌써 여신의 사자가 마중 나온 것 같은데?"

아테나 신전은 아직 조금 더 가야 했다. 하지만 거기로 접어드는 어귀에 한 사람이 지팡이를 짚고 전봇대처럼 꼿꼿이 서 있었다. 이곳의 다른 사람들처럼 커다란 천으로 온몸을 휘감은 것은 똑같은데 이 사람은 머리까지 뒤집어쓰고 있어 얼굴이 보이지 않았다. 하지만 그 사람이 이쪽을 바라보고 있다는 것, 특히 지누를 보고 있다는 것은 분명 느껴졌다.

지누가 속삭였다.

"아테나 여신의 사자가 아니라 지옥의 사자 같지 않아? 왠지 무서운걸?"

그 말을 듣기라도 한 것처럼 지옥의 사자가 그들을 향해 다가오기 시작했다. 지누는 자기도 모르게 겁을 먹고 애지 뒤로 숨었다가 다시 제자리로 돌아왔다. 자신이 여자애 뒤에 숨는 겁쟁이 짓을 하고 있다는 걸 깨닫고 가까스로 용기를 낸 것이다.

지옥의 사자, 아니 아테나 여신의 사자는 엄청나게 컸다. 들고 있는 지팡이는 지누 팔뚝만큼이나 굵고, 머리에는 부엉이가 조각되어 있어 마치 나무 꼭대기에 부엉이가 앉아 있는 것 같아 보였다. 지누도 반에서는 작

은 편이 아닌데도 그 사람 옆에 서자 절벽처럼 튀어나온 가슴팍만 볼 수 있을 뿐이었다. 그 가려진 가슴팍에서 사람 목소리가 흘러나왔다. 물론 외국어지만 이상하게 머릿속에서는 제대로 들려왔다.

"아이기스가 기다리고 있습니다."

애지가 지누를 제치고 한 발 앞으로 나오며 말했다.

"오랜만이에요, 선장님."

엇, 아는 사이였던가 싶어 놀라고 있는데 사자가 말했다.

"캡틴이라고 부르세요. 이번에는 이 꼬마 녀석입니까? 귀찮은 짐을 맡으셨군요."

애지한테는 공손히 말하면서 나에겐 꼬마 녀석이라고? 지누는 단번에 이 사자를 싫어하게 되었다.

애지가 말했다.

"캡틴이라는 이름은 이 시대하곤 너무 안 어울리지 않아요? 그리고 여기 얘는 지누라고 해요. 귀찮은 짐이나 꼬마 녀석이 아니라 제 파트너고요."

사자는 막무가내였다.

"캡틴은 어딜 가든 캡틴입니다. 그리고 꼬마 녀석은 자기 능력을 증명하기 전까지는 꼬마 녀석일 뿐이고요. 가시죠. 임무는 아이기스에 승선하고 난 다음에 듣겠습니다."

그러더니 사자는 대답도 기다리지 않고 돌아서서는 성큼성큼 걸어갔다. 지누는 투덜거렸다.

"뭐 저런 사람이 다 있어. 아테나 여신의 사자가 맞긴 한 거니?"

"사람인지는 잘 모르겠지만 아테나 여신의 사자이긴 해. 전에도 같이 여행한 일이 있어."

"언제? 어디서? 어디로?"

"언젠가, 어딘가에서, 어딘가로."

하나 마나 한 대답을 하고는 애지가 속삭이듯 말했다.

"위험한 곳에서 가장 믿을 수 있는 사람이야. 어서 가자."

캡틴은 키가 커서인지 걸음도 빨랐다. 그 바람에 애지와 지누는 캡틴을 따라가기 위해 종종걸음으로 거의 뛰다시피 해야 했다. 그렇게 몇 분 달려가자 강이 보였다. 그리고 그 강가에 정박한 배가 보였다.

일반 보트보다는 훨씬 컸다. 하지만 언젠가 지누가 탔던 한강 유람선에 비하면 조각배나 다름없는 크기였다. 뱃전은 낮고 길게 이어지다가 뱃머리와 배의 꼬리에서는 페르시아 사람들의 신발코처럼 동그랗게 말려 올라가 있었다. 선실처럼 보이는 나무집이 있고 돛대는 있지만 돛은 보이지 않았다. 대신 뱃전에 난 십여 개의 구멍으로 길쭉한 노가 삐져나와 있었다.

지누는 이 배를 무어라 부르는지 잠시 머릿속을 뒤졌다.

"음……, 개……, 갤리선이다!"

돛보다는 주로 노를 젓는 힘으로 항해하던 배가 갤리선이라고 배운 적이 있다. 돛대 모양으로 봐서는 딱 그것 같았다. 하지만 무지 작고 좁고 불안해 보인다. 파도만 약간 높게 쳐도 그대로 가라

앉아버릴 것 같다.

지누는 겁먹은 눈으로 애지를 바라보며 물었다.

"저, 저걸 타야만 하는 거야?"

애지가 지누의 손을 잡고 강가와 배를 연결한 나무판자 위로 끌고 가며 말했다.

"세상에서 가장 용감한 캡틴이 지휘하는, 세상에서 가장 안전한 배 아이기스야. 아이기스는 원래 아테나 여신의 방패 이름이거든. 그걸 본뜬 이름의 배야. 저기 뱃머리에 괴물 같은 형상이 조각돼

있는 거 보이지? 그게 바로 영웅 페르세우스가 베어서 아테나 여신에게 바친 메두사의 머리 형상을 조각해놓은 거라고."

애지가 힘을 쓸 땐 어른보다도 훨씬 장사라는 것쯤 이미 겪어봐서 아는 일이다. 살짝 잡은 것 같은데도 도저히 뿌리칠 수가 없어서 지누가 어어 하며 따라가다가 멈추었을 땐 이미 배에 올라타 있었고 강으로 이어지는 나무판자는 배 위로 올려진 후였다. 캡틴이 뱃머리에 서서 외쳤다.

"출발!"

스무 개의 노가 하늘로 올라갔다가 이내 강물로 파고들었다. 배는 미끄러지듯 움직여 강 한가운데로 향했다. 이젠 내리고 싶어도 내릴 수 없게 되었다. 캡틴은 배가 제대로 움직이는지 확인하듯

팔짱을 끼고 앞을 바라보다가 지누와 애지에게 다가왔다.

"어디로 가야 합니까?"

애지가 대답했다.

"신탁을 받았어요. 그대들이 찾는 것은 멀리 있지 않지만 그대들은 먼 여행을 하게 되리라. 바다의 끝, 세상의 저편을 돌아 섬과 협곡을 헤매게 되리라. 가야 할 곳은 가깝지만 먼 시간을 항해해서야 가게 되리라. 그리고 그곳에서 소크라테스를 구해야 하리라. 돌아가는 길은 그로 하여 생기게 될 것이므로. 기억해야 할 두 이름은 아테나와 아테네."

그렇게 신탁을 외우고는 애지가 물었다.

"아마 아테네로 가야 할 것 같은데 그냥은 못 가겠지요?"

캡틴이 말했다.

"못 갑니다. 지금은 아테네가 멸망한 지 몇백 년이나 지났으니까요. 시간을 거슬러 올라가야겠습니다. 신탁에서 말한 대로 바다

의 끝, 세상의 저편을 돌아서 오면 되겠지요."

캡틴이 지누를 바라보며 말을 맺었다.

"이 꼬마에게 모험할 용기가 있다면."

또 꼬마란다. 기분이 나빠서 지누는 캡틴을 노려보았다. 이상하
게도 얼굴이 보일 만한 거리인데 머리에 뒤집어쓴 천이 그늘을 만
들어서인지 얼굴을 볼 수가 없었다. 멀리서 빛나는 불빛처럼 번쩍
이는 두 개의 눈만 확인할 수 있을 뿐이었다. 왠지 섬뜩해서 지누
는 애지를 향해 말했다.

"용기가 있나 없나를 묻기 전에 먼저 어디로 가는지 말해줘야 하는 것 아냐? 바다의 끝이 어디야, 대체."

애지가 고개를 끄덕이고 나서 설명했다. 책이 없어서 그런가. 논리 여행을 할 때에 비하면 정말 너무너무 친절해진 것 같다.

"옛날 사람들은 지구가 평평하다고 생각했어. 그래서 바다 저 멀리로 가면 절벽처럼 아래로 떨어진다고 믿었지. 거기가 바로 바다의 끝이야."

지누는 고개를 갸웃거리며 말했다.

"하지만 실제 지구는 둥글잖아."

"여기선 안 그래."

지누는 답답해서 가슴이라도 치고 싶었다.

"그게 대체 무슨 말이야? 어떻게 지구가 평평할 수 있어. 지구는 둥글어. 그러니까 바다의 끝이라는 것도 없다고."

답답한 건 지누인데 오히려 애지가 더 답답해하는 것 같았다. 애지는 한숨을 내쉬고는 조용히 말했다.

"우리가 지금 어디 있는지를 잘 생각해봐. 여긴 책 속의 세상이야. 무슨 일이든 일어날 수 있고, 어떤 신도, 괴물도 있을 수 있어. 우린 이 시대 사람들이 믿는 대로 이루어진 세상에 와 있는 거란

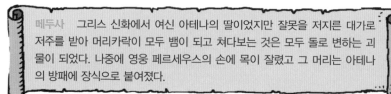

메두사　그리스 신화에서 여신 아테나의 딸이었지만 잘못을 저지른 대가로 저주를 받아 머리카락이 모두 뱀이 되고 쳐다보는 것은 모두 돌로 변하는 괴물이 되었다. 나중에 영웅 페르세우스의 손에 목이 잘렸고 그 머리는 아테나의 방패에 장식으로 붙여졌다.

소크라테스를 구출하라

말야. 뭐든 말도 안 된다고 하지 말고 좀 자유롭게 생각해봐. 그럼 한결 편하고 재미있어질지도 모르잖아."

"좋아, 좋아."

지누는 손을 저으며 말했다.

"좋아, 믿어줄게. 아폴론 신도 있고 아테나 신도 있고 세상은 평평해서 바다 끝까지 가면 낭떠러지로 떨어져. 그런데 우리가 왜 거길 가야 하는 거지?"

"신탁이 그렇게 말하고 있으니까. 그리고 그래야 우리가 집으로 다시 돌아갈 수 있으니까."

두 사람의 대화를 묵묵히 듣고 있던 캡틴이 지누에게 물었다.

"꼬마야. 갈 거냐, 말 거냐?"

지누는 눈을 깜박이며 애지와 캡틴을 번갈아 바라보다가 고개를 끄덕였다.

"좋아요. 가죠."

캡틴이 뱃머리를 향해 걸어가더니 외쳤다.

"바다의 끝을 향해 노를 저어라!"

필로소피아의 정체

청색 그림물감을 뿌려놓은 듯한 하늘 아래 청색 그림물감을 뿌려놓은 듯한 바다가 있어서 하늘과 바다를 구분하기 어려울 정도인 지중해를 갤리신 한 칙이 쏜실같이 미끄러져 가고 있었다. 물론 지누와 애지가 탄 배였다.

배는 좁고 길었다. 수면 위로 나온 부분도 얼마 되지 않아 파도가 옆에서 들이치면 홀딱 뒤집혀버릴 것처럼 불안해 보였다. 그런데도 배는 높은 파도를 가르며 날아가듯이 전진하고 있었다. 갑판 아래에서 누군가가 젓고 있을 노들은 지치지도 않는 듯 연방 하늘을 향해 올라갔다가 다시 원을 그리며 바다 속으로 곤두박질쳤다.

애지의 말대로 세상에서 가장 안전한 배인 것 같았다. 어쩌면 세상에서 가장 빠른 배이기도 한 것 같다. 어느새 그들은 육지도, 섬도 보이지 않는 망망대해로 나와서 아스라이 먼 수평선을 향해 달려가고 있었다. 그러는 사이 청색 그림물감 같던 하늘이 주황색으로 변하더니 이윽고 보라색으로 변해갔고, 바다도 그에 따라 주황색으로, 다시 보라색으로 변해갔다. 해가 지고 있었다.

그때 애지가 선실에서 머리를 내밀더니 밥 먹자고 불렀다. 지누가 들어갔을 땐 어떻게 준비했는지 쟁반에 빵과 죽, 고기와 음료수가 놓여 있었다. 시장하던 참이라 지누는 얼른 빵을 들고 씹으며 애지에게 물어보았다.

"네가 만든 거야?"

애지가 씹던 빵을 삼킨 후 대답했다.

"선원들이 가져다줬어."

지누는 선실을 둘러보며 물었다.

"선원들이 어디 있어? 난 본 적도 없는데?"

애지는 음료수를 조금 마시고는 대답했다.

"평소엔 잘 안 보여."

그런가 보다 하면서도 이상한 일이라고 지누는 생각했다. 이 좁은 배에 어디 숨을 데가 있어서 선원들이 보이지 않는 것일까. 갑판 아래에서 노만 젓고 있는 걸까? 배를 잠시 둘러봤지만 아래로 내려가는 계단 같은 것조차 안 보였는데? 지누가 본 것은 말뚝처럼 뱃머리 쪽에 서서 먼 바다만 응시하던 캡틴뿐이었다.

다 좋지만 갑판 아래에 갇힌 채 하루 종일 노만 젓는 누군가가 있다는 건 끔찍한 일이었다. 문득 지누는 고대의 갤리선이 갑판 아래에 노예들을 쇠사슬로 묶어놓고 채찍으로 때려가며 노를 젓게 하는 배라는 것을 떠올리고 몸서리를 쳤다. 이 배도 그런 것일까? 지금 앉아 있는 바닥 바로 아래에 죽을 때까지 노만 저으며 신음하는 노예들이 있다고 생각하니 빵이 목에 걸릴 것 같았다.

지누의 생각을 모르는 듯 애지는 냠냠 꿀꺽꿀꺽 잘만 먹으면서 물었다.

"왜? 식욕이 없니?"

지누가 노예 이야기를 하자 애지는 풋 하고 웃었다.

"걱정 마. 여긴 노예라곤 한 명도 없어. 캡틴 외엔 다 선원들이지. 지치지 않고 열심히 일하는 선원들. 언젠가 너도 보게 될 거야."

수수께끼 같은, 아니 그보다 더 나쁜, 알면서도 가르쳐주지 않는 애지의 태도에 속이 상한 지누는 빵과 음료수를 들고 갑판으로 나와 혼자 먹었다. 보랏빛 하늘과 바다가 화를 달래줄 것 같아서였다. 그리고 바다는 순식간에 지누의 기분을 바꾸어주었다. 멀리 파도 사이로 무언가가 출렁이며 떠다니는 것이 지누의 눈에 들어왔던 것이다.

지누는 눈을 깜박이며 그게 뭔지 열심히 바라보았다. 처음에는 너무 멀어서 물에 떠다니는 널빤지 같아 보였다. 조금 지나 가까워지자 그게 널빤지가 맞다는 것을 알아볼 수 있었다. 그 널빤지 위에 사람이 하나 엎드려 있는 모습과 함께.

지누가 소리쳤다.

"저기 사람이 있어요! 저기 오른쪽 앞에! 사람이 표류하고 있어요!"

그러나 배는 너무 빨랐다. 지누가 소리치는 사이 배는 오른쪽 뱃전으로 표류하는 사람을 스치고 멀찍이 지나가고 말았다. 지누는 뱃머리로 달려가서 캡틴에게 외쳤다.

"방금 표류하는 사람을 지나치고 말았다고요!"

캡틴이 뒤도 돌아보지 않고 물었다.

"그래서?"

지누는 기가 막혀서 말이 안 나올 지경이었다. 그러나 이러는 동안에도 배는 점점 표류하는 사람으로부터 멀어지고 있다. 얼른 뱃머리를 돌려 구출해야 한다.

캡틴이 말했다.

"난 너를 태워서 목적지까지 데려다 주라는 명령만 받았을 뿐이야. 그 외의 일에 대해서는 네가 결정해야 한다. 바다에 사람이 표류하고 있어. 그래서 어쩌라는 거지?"

지누가 답답해서 고함을 버럭 질렀다.

"얼른 구해줘야지요!"

"그게 네 뜻이냐?"

캡틴이 물었다.

그리고 냉정하기 짝이 없는 목소리로 말했다.

"이 세상은 험한 곳이야. 해적도 있고 때로는 사람의 모습으로 변신한 괴물도 있다. 구해줬다가 위험에 처할 수도 있어. 그래도 구해줘야 할까? 책임질 수 있어?"

지누는 입을 다물었다. 괴물은 몰라도 해적일지 모른다고? 이야기책이나 영화에서 본 해적 말이지? 시퍼런 칼을 들고 날뛰는? 그걸 나보고 어떻게 책임지라는 거야.

지누는 뒤를 돌아보았다. 널빤지와 그 위의 사람은 이미 가물가물 작은 점으로 변해 사라지려 하고 있었다. 지누는 침을 꿀꺽 삼키고 말했다.

"어떻게 책임져야 할지는 모르겠지만, 일단은 구해야 해요. 위험에 처한 사람을 구할 수 있는데 그냥 가는 건 사람으로서 할 짓이 아니에요. 해적이건 뭐건 우선은 구해야 해요."

캡틴이 고개를 끄덕였다.

"그게 네 뜻이라면."

그가 오른손을 들자 오른쪽 뱃전의 노들이 멈추고 왼쪽 노들만 움직였다. 배는 속도도 줄이지 않고 오른쪽으로 방향을 틀기 시작했다. 그리고 완전히 반대쪽으로 뱃머리를 돌리자 캡틴은 다시 오른손을 내렸다. 오른쪽 노들이 다시 움직이기 시작했다. 배는 쏜살같이 달려 표류하는 사람을 향해 접근했다.

좀 더 가까워지자 캡틴이 외쳤다.

"멈춰!"

배는 속도를 줄여 정확하게 널빤지에 뱃머리 우측을 갖다 댔다. 캡틴이 고개를 내밀어 널빤지와 그 위에 엎드린 사람을 내려다보더니 말했다.

"사람이 아냐."

그럼 괴물이라도 된다는 걸까?

지누 역시 뱃전으로 몸을 내밀고 내려다보았다. 무언가 끔찍한 것을 보게 될지 모른다고 생각하면서. 하지만 거의 누더기가 된 천으로 아랫도리만 간신히 가리고 있는 것은 분명 사람이었다. 한쪽 발에 쇠사슬로 연결된 고리가 채워져 있다는 게 좀 이상하긴 하지만.

캡틴이 말했다.

"노예다."

지누는 기가 막혀서 캡틴에게 쏘아붙였다.

"노예는 사람이 아닌가요?"

캡틴이 말했다.

"노예는 단지 노예일 뿐, 사람이 아니다."

"그런 엉터리가 어딨어요! 노예건 뭐건 다 사람이잖아요!"

어느새 애지가 나와서 캡틴을 거들었다.

"캡틴 말이 맞아. 이 시대엔 노예와 여자는 사람으로 취급하지 않았어. 적어도 제대로 된 사람으로 봐주지 않았단 말이야."

지누가 코웃음을 치고 말했다.

"노예가 사람이건 아니건 일단은 구해야지! 안 도와주면 나 혼자서라도 할래!"

캡틴은 더 이상 말을 않고 뱃전으로 허리까지 내밀더니 팔을 뻗어 널빤지 위의 사람을 끌어올렸다. 그리고 갑판에 눕힌 다음 코에 손가락을 대고 잠시 있다가 말했다.

"죽진 않았군. 허기와 갈증에 지쳐서 쓰러졌을 뿐이다."

캡틴은 그 사람의 가슴팍을 가리켰다. 거기에는 문신한 듯한 자국이 있었다.

"노예라는 표시다. 저 글자는 주인의 이름 머리글자를 낙인으로 만들어 찍은 것이다. 불로 지져서 지우고 다시 찍은 자국이 여럿 있는 걸 보면 주인이 여러 번 바뀌었다는 뜻이지."

지누는 소름이 끼쳐 몸을 움츠렸다. 낙인이라고? 인두로 지졌단 말이지? 그것도 주인이 바뀔 때마다 불로 지져서 지우고 다시 찍었단 말이지? 세상에 그런 끔찍한 일이 다 있구나.

캡틴은 노예를 한 팔로 가볍게 들어 옆구리에 끼더니 선실로 들어갔다가 잠시 후에 나왔다.

"물을 적셔줬더니 금방 정신을 차리는군. 먹을 것도 좀 줬으니 곧 기운을 차릴 거다. 그다음엔 꼬마가 알아서 해라. 이젠 네가 주인이니까."

지누가 되물었다.

"내가 주인이라고요?"

캡틴은 뱃머리를 향해 걸어가며 짧게 대답했다.

"주운 사람이 임자니까."

그의 뒷모습을 보며 지누는 중얼거렸다.

"끝까지 사람을 물건 취급하네."

더 이상은 참을 수 없어서 지누가 외쳤다.

"주운 물건도 주인을 찾아주는 게 옳은 일이라고요!"

하지만 캡틴은 뒤도 돌아보지 않았다. 그저 묵묵히 배를 지휘해 원래의 항로로 돌이키는 일에 집중하고 있을 뿐이었다. 애지가 지누의 소매를 잡아당겼다.

"들어가자."

애지는 '후훗' 하고 웃으며 덧붙여 말했다.

"주운 사람이 책임을 져야지."

지누와 애지가 선실에 들어가자 허겁지겁 빵을 뜯어 먹던 노예
가 갑자기 엎드려 절을 했다. 그러고는 무언가 말을 하려다가 목
이 메는 듯 가슴을 쳤다. 지누는 얼른 물병을 집어 건네줬다. 노예
는 물을 벌컥벌컥 마시고는 다시 엎드려 머리로 바닥을 쿵쿵 소리
나게 찧으며 말했다.

"오, 자비로우신 주인님, 여주인님, 신의 가호가 주인님 내외 분
과 함께하시기를 빕니다."

주인님? 여주인님? 주인님 내외 분?

지누는 이게 대체 무슨 소린가 싶어 아무 말도 못하고 애지를
쳐다보았다. 애지도 지누를 보며 눈을 깜박이더니 '풋' 하고 웃고
는 노예에게 말했다.

"우린 부부가 아니에요. 그러니까 난 여주인이 아니죠."

그러고는 지누를 가리키며 말했다.

"얘가 주인인 건 맞지만."

노예는 상황을 파악하려는 듯 두 사람을 번갈아 바라보더니 이
번에는 지누에게만 절을 했다.

"오, 자비로우신 주인님, 목숨을 구해주신 은혜에 감사드립니
다. 저는 알렉산드리아 출신으로 열두 살에 노예가 되어 그동안 여

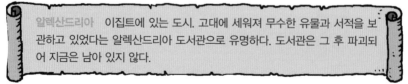

알렉산드리아   이집트에 있는 도시. 고대에 세워져 무수한 유물과 서적을 보
관하고 있었다는 알렉산드리아 도서관으로 유명하다. 도서관은 그 후 파괴되
어 지금은 남아 있지 않다.

소크라테스를 구출하라

러 주인님을 모시다가 얼마 전까지는 갈리아 총독 옥타비아누스 님을 모시고 있었습니다. 옥타비아누스 님은, 오, 이제는 신들의 품에 안기셨겠지요. 저 무시무시한 폭풍우에 저를 제외한 모든 사람이 죽고 말았을 테니까요. 저 옥타비아누스 님은 위대하신 로마 황제 네로 폐하의 신임을 얻어 갈리아 총독으로 임명받은 뒤 임지로 향하던 중이셨지요. 그런데 폭풍우가 앞길을 방해할 줄 누가 알았겠습니까. 포세이돈의 분노한 삼지창이 움직이자 파도는 산더미처럼 일어나 이백 명의 노예가 노를 젓던 갤리선이 아이들의 장난감 배처럼 박살나고 말았지요. 저는 간신히 문짝을 잡고 살아남았습니다만 폭풍우 속에서 물도 음식도 없이 며칠간 떠다니느라 거의 죽는 줄 알았지요. 주인님이 절 구해주지 않았다면 저도 그만 포세이돈의 식탁에 올려진 작은 제물이 될 뻔했습니다."

무척 수다스런 아저씨였다. 가만히 내버려두면 끝없이 말할 것 같아 지누는 노예가 숨을 돌리느라 말을 멈춘 틈에 얼른 끼어들어 말했다.

"잠깐, 잠깐만요 아저씨. 하나씩 차근차근 이야기하자고요. 그리고 저한테 주인님이라고 부르지 마세요. 전 누구의 주인도 아니라고요. 노예 같은 걸 가지게 됐다고 말하면 학교 친구들이 놀릴

> **포세이돈** 그리스 신화에서 올림포스의 열두 신 중 하나. 하늘의 신인 제우스, 저승의 신인 하데스와 형제로 자신은 바다를 차지하여 신으로 군림했다. 삼지창을 휘둘러 풍랑을 일으킨다고 한다.

게 뻔하니까 그런 건 싫어요."

노예의 얼굴이 창백해졌다. 무서운 이야기라도 들은 것처럼.

"오, 주인님! 제 주인님이 되는 게 싫으신 겁니까? 주인님이 절 버리시면 아까 그 무서운 선장에게 제 소유권이 넘어갈 겁니다. 그럼 전 햇빛도 들지 않는 어두운 배 밑에서 죽을 때까지 노만 저어야 할 겁니다. 그것만은 제발 하지 않게 해주세요, 주인님!"

그러곤 엎드려서 지누의 발목을 잡고 비는 것이었다. 지누는 당황해서 애지를 보았다.

"이 아저씨 말이 사실이야?"

애지가 고개를 끄덕였다.

"캡틴이 주인이 되는 건 맞아. 하지만 노 젓는 노예로는 쓰지 않을 거야. 어디 노예시장 같은 곳에서 팔아버리겠지."

노예가 울부짖듯 외쳤다.

"오, 신이시여. 절 구해주소서! 노예시장에 팔리면 어디에서 무슨 일을 하게 될지 모릅니다. 노를 젓는 것보다 더 비참한 신세가 될 수도 있지요. 제발 전에 하던 일을 계속 하게 해주세요, 주인님!"

지누가 물어보았다.

"전에 하던 일이 뭔데요?"

"책입니다."

노예가 짧게 대답했다. 그러고는 이상한 이야기를 늘어놓기 시작했다.

"오, 주인님 전 책이었습니다. 철학책이었지요. 그래서 제 이름은 필로소피아입니다."

지누는 이 노예가 미친 줄 알았다. 바다에서 고생을 하더니 제정신이 아닌 게로구나.

"사람이 어떻게 책이 될 수 있단 말이에요?"

노예는 오히려 지누를 이해할 수 없다는 듯 잠시 쳐다보다가 말했다.

"오, 주인님. 동방에는 그런 풍습이 없나 보군요. 로마에서는 존경할 만한 시민들 중에 부유하고 학문을 사랑하여 오후의 향연을 즐긴 후에는 고대의 시가와 신화, 철학을 암송하도록 하는 분들이 있습니다. 그럴 때를 위해 저희 같은 노예들이 있는 거지요. 파피루스나 진흙판으로 된 책보다 기억력 좋은 노예 한 명이 훨씬 싸니까요. 이동하기도 쉽고요. 파피루스나 진흙판 책은 한 권을 옮기기 위해 노예 스무 명이 동원되어야 할 때도 있습니다. 그에 비해 책 노예는 아무리 긴 내용의 이야기도 한 명으로 족하니까 아주 편리하지요."

"그러니까…… 사람이 책 노릇을 한다는 건가요?"

"오, 지혜로우신 주인님, 그렇습니다. 저는 철학을 외웠기 때문

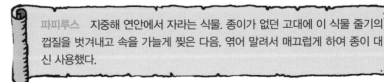

파피루스 지중해 연안에서 자라는 식물. 종이가 없던 고대에 이 식물 줄기의 껍질을 벗겨내고 속을 가늘게 찢은 다음, 엮어 말려서 매끄럽게 하여 종이 대신 사용했다.

에 이름도 철학, 즉 필로소피아라고 합니다. 제 절친한 친구는 신화를 외웠기 때문에 이름이 신화, 즉 뮈토스였습니다. 불쌍한 뮈토스는 주인님과 함께 바다에 빠져버렸지요. 편안히 잠들길."

노예 필로소피아가 불행한 친구의 명복을 비는 동안 지누와 애지는 시선을 교환했다. 지누가 말했다.

"아무래도 책을 찾은 것 같지?"

애지가 고개를 끄덕였다.

"왜 소크라테스 시대로 바로 가지 않고 로마 시대로 왔는지 이제 알겠지?"

PART 2 둘째 날

세이렌의 노래

"그런데 철학이라면 영어로 필로소피잖아. philosophy 말야. 필로소피아라는 건 뭐야? 어느 나라 말이지?"

철학을 말하는 것이라고 머릿속에 전해지긴 하지만 귀에 들리는 노예의 발음은 분명 필로소피아였다. 지누는 그게 이상해서 물어본 것이다. 필로소피가 철학인데 필로소피아는 또 뭐냐? 비슷하긴 하지만 다른 거 아냐?

둘째 날이었다.

뱃전에 둘러앉아 아침을 먹으며 노예의 이야기를 듣다가 던진 질문이었다. 노예가 이상하다는 듯 지누를 보며 고개를 갸웃거렸다.

"영어? 필로소피? 그게 뭡니까? 오, 주인님. 저는 필로소피아입니다. 학문 중의 학문, 지(知)에 대한 사랑이며, 탐구지요."

애지가 재빨리 지누의 귀에 대고 속삭였다.

"필로소피아는 그리스 말이야. 필로소피라는 단어가 바로 저 필로소피아에서 나왔다고."

노예가 계속 말을 이어갔다.

"필로소피아라는 단어는 현자 피타고라스가 처음 사용한 말이라고 합니다. '사랑하다'라는 뜻의 필로스^{philos}와 '지'라는 뜻의 소

피아sophia를 합친 단어지요. 그러니까 철학이란, 즉 지에 대한 사랑인 것입니다. 그리고 위대한 철학자 소크라테스는 말하기를, 그 지라는 건 남에게 자랑하기 위한 잡다한 지식이 아니라 세계와 인생에 관한 근본적인 지혜를 뜻한다고 했습니다."

지누가 박수를 짝 치더니 눈을 반짝거리며 말했다.

"바로 그거야! 그 사람이라고요!"

노예는 말을 멈추고 지누를 바라보았다. 지누가 노예에게 물었다.

"그 사람, 위대한지 안 위대한지는 모르겠지만 그 소크라테스에 대해 잘 알고 있는 거죠?"

노예는 고개를 끄덕였다.

"오, 주인님. 저는 위대하건 위대하지 않건 기록으로 남은 것이라면 모든 철학자에 대해 알고 있습니다. 그게 제 일이고, 의무였으니까요."

"모든 철학자는 필요 없고 소크라테스만 알면 돼요."

"오, 주인님. 어떻게 그런 심한 말씀을! 제 일은 모든 철학자, 그리고 그들이 남긴 기록을

외우는 것이었습니다. 그걸 못하면 저는 노예로서 아무 소용이 없게 되는 것입니다. 요리에도 소질이 없고, 마구간지기가 될 능력도 없고, 하다못해 돌을 지고 나를 정도의 체력도 없으니까요. 그럼 주인님은 쓸모없는 저를 콜로세움에서 사자의 밥이 되도록 팔아넘기실 수밖에 없을 것입니다. 물론 저는 그렇게 되기 싫고, 설마 자비로우신 주인님이 그러시진 않을 거라고 믿지만요.”

그러면서 힐끔힐끔 지누를 보는 노예의 눈길이 그렇게 불쌍할 수 없었다. 지누가 금방이라도 사자 밥으로 팔아넘길까봐 정말로 두려워하는 것 같았다. 사자 밥이라니? 그건 폭군 네로 황제가 기독교도들을 처형할 때 했다는 일이잖아. 그런데 정말 사람을 사자에게 밥으로 줬단 말야? 아니, 지금 그런 생각을 하며 시간 낭비할 때가 아니지.

지누는 노예를 달래며 말했다.

“제가 설마 아저씨를 사자 밥으로 팔겠어요? 그냥 아저씨가 알고 있는 모든 철학자 중에서 소크라테스에 대해서만 말해줘요.”

노예 필로소피아는 생각에 잠긴 채 중얼거렸다.

“음…… 소크라테스가 말한 것은…… 어? 소크라테스가 남긴 기록은…… 없습니다!”

필로소피아는 당황한 것 같았다.

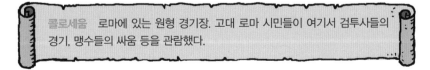
콜로세움 로마에 있는 원형 경기장. 고대 로마 시민들이 여기서 검투사들의 경기, 맹수들의 싸움 등을 관람했다.

"오, 주인님. 위대한 소크라테스는 아무런 기록도 남기지 않았습니다. 그에 대한 이야기는 제자들과 후세 사람들이 남긴 것뿐입니다."

"그럼 그걸 말해주면 되겠네요."

필로소피아는 더욱더 당황해서 말했다.

"오, 현명하시어 학문을 좋아하실 뿐 아니라, 신의 축복으로 넘치는 시간과 여유를 가진 주인님. 물론 그건 가능합니다. 제자인 위대한 플라톤이 남긴 수많은 대화들과 지인들이 남긴 기록들, 후세의 많은 철학자들이 소크라테스에 대해 언급한 그 모든 기록을 다 암송하려면 적어도 일 년은 걸리겠지만 시간과 여유만 있으면 얼마든지 가능하지요."

이번에는 지누가 당황스러워서 말했다. 누가 일 년 내내 듣고 있겠다는 거야? 당장 급한데.

"저, 저기요. 그게 아니라 그냥 정리해서 말해주면 안 돼요? 언제 어디서 어떻게 살다가 어떻게 죽었는지. 특히 어떻게 죽게 됐는지에 대해서만 자세히 말해주면 돼요."

플라톤   그리스의 철학자. 아테네 출신으로 소크라테스의 제자가 되어 철학을 탐구했다. 후에 최초의 학원인 아카데메이아(아카데미)를 개설했다. 생전에 삼십여 편의 저서를 썼는데 주로 철학적인 주제로 대화를 하는 방식이라 '대화편'이라고 한다. 《국가》《향연》《소크라테스의 변론》 등이 유명하다. 그의 철학 중 가장 유명한 것은 이데아(idea) 론인데, 영원불변한 존재인 이데아가 있고, 이 세상은 그 이데아의 모방이라는 주장이다.

소크라테스를 구출하라

필로소피아는 뭔가 곤란한지 입만 뻥긋거리다가 갑자기 지누 앞에 엎드렸다. 그러고는 외쳤다.

"오, 자비로우신 주인님. 그건 제 능력을 벗어나는 일입니다. 저는 고대의 모든 철학자와 그 기록에 대해 외우고 있지만 그걸 정리해서 말하지는 못합니다. 제 일은 외워서 암송하는 것일 뿐 감히 판단하고 정리할 수는 없습니다. 그건 고귀한 주인님들이 하실 일이지 저처럼 천한 노예가 할 일이 아니기 때문입니다. 용서해주십시오."

지누는 필로소피아의 과장된 몸짓으로 하는 사과에 놀랐고, 그의 말이 무슨 뜻인지 몰라 무척 당황했다.

"소크라테스에 대해 알고 있다면서요?"

"오, 위대하신 주인님. 물론 알고 있습니다. 그에 대한 모든 기록을 외우고 있으니까요."

"그걸 정리해서 말하는 게 그렇게 어렵나요?"

"제가 아는 방식은 외우는 것입니다. 정리

하고 이해하는 것은 제 일이 아닙니다."

"누가 정리해놓은 기록은 없나요?"

필로소피아는 잠시 생각하더니 눈을 반짝이며 말했다.

"위대한 아리스토텔레스는 《형이상학》에서 다음과 같이 말했습니다."

그러고는 몸을 바로 세우더니 꼿꼿이 서서 노래하듯 읊었다.

정확히 소크라테스가 창안한 것으로 볼 수 있는 게 두 가지 있는데 그것은 귀납논증과 일반적 정의이다. 왜냐하면 이들은 모두 지식의 출발점과 관련이 있기 때문이다. 그러나 소크라테스는 보편자, 또는 정의를 따로 떼어내지 않았지만 그들은 그것들을 떼어내어 사물들의 형상이라고 불렀다.

노래하듯이, 라고 말하긴 했지만 아주 재미없는 노래고, 못 부르는 가수였다. 더구나 지누가 알고 싶어 하는 건 하나도 포함되어 있지 않았다. 사실은 무슨 말인지 이해도 되지 않았다.

> **형이상학** 철학의 한 종류. 그리스의 철학자 아리스토텔레스가 '제1철학'이라는 이름으로 '존재하는 모든 사물에서 으뜸되는 원인'을 연구했다. 이것이 후에 형이상학(메타피직스)이라는 이름으로 전해지면서 세계의 궁극적 근거를 연구하는 학문이 되었다.
> **귀납논증과 일반적 정의** 구체적인 사실들에서 법칙을 찾아내는 것을 귀납논증이라 하고, 개개의 대상에서 공통되는 원리를 뽑아 추상적인 개념을 정의하는 것을 일반적 정의라고 한다. 아리스토텔레스는 소크라테스가 바로 이렇게 했다고 한다.

소크라테스를 구출하라

지누는 울상을 지으며 말했다.

"아저씨, 제발 뭔가 좀 알아들을 수 있는 걸 말해주세요. 제가 알기로는 소크라테스가 어리석은 아테네 사람들에게 모함을 당해 재판 받고 사형을 당했다고 하는데요. 거기에 대한 기록은 없나요?"

"오, 행운을 받아 마땅한 주인님. 물론 있습니다. 플라톤의 대화편 중《변론》《크리톤》《파이돈》이 3부작이 바로 그 과정을 전하고 있지요."

지누가 얼른 외쳤다.

"바로 그거예요. 그걸로 외워보세요!"

노예가 다시 자세를 잡고 읊기 시작했다.

오오, 아테네 사람들이여. 저를 고소한 사람들의 말을 지금 들으시고 여러분이 어떻게 느끼셨는지 저는 알지 못합니다. 그러나 그들의 말을 듣고 있노라니 저는 하마터면 저 자신이 누군지를 잊어버릴 뻔했습니다. 그만큼 그들의 말은 그럴듯했습니다. 그러나 참된 것은 거의 한마디도 말하지 않았다고 해도 과언이 아닐 것입니다.

지누가 외쳤다.

"잠깐만요!"

필로소피아는 말을 멈추었고, 지누는 화를 낼까 말까 생각하며 물었다.

"그게 대체 뭐예요? 무슨 말이에요?"

"오오, 인내심이 잘 꼬아 만든 밧줄처럼 강하신 주인님. 제가 방금 읊은 것은 플라톤의 대화편 《변론》의 시작 부분입니다."

"지금 그러니까…… 책 앞부분부터 외워 말하고 있다는 거지요?"

"물론입니다. 좋아하시는 구절이 있으면 그 부분부터 할 수도 있습니다만, 오, 호기심 많으신 주인님. 처음 들을 때는 앞에서부터 듣는 게 좋지 않겠습니까."

"그게 아니라……."

지누는 답답해서 가슴을 쳤다.

"그게 누가 뭣 때문에 무슨 이야기를 하는 건지 간략하게 설명이라도 미리 해주면 좋지 않겠느냐는 거지요."

사실 간단히 요약 정리까지 해주면 정말 좋겠지만.

필로소피아는 별 이상한 주문을 다 한다는 듯 버릇처럼 붙이는 오, 주인님도 하지 않고 그냥 말했다.

"소크라테스가 아테네의 재판소에서 스스로를 변론하는 이야기 아닙니까. 그 이전에 그를 고발한 사람들이 고발하는 말을 했고, 소크라테스는 그다음에 나와 고발의 말이 터무니없다고 지금 변론을 시작하는……!"

갑자기 필로소피아의 얼굴이 굳어지더니 급히 손을 저었다.

"오, 자비로우신 주인님. 방금 제가 한 말은 잊어주십시오. 기록을 암송해야 하는 책인 저는 감히 입에 담아서는 안 될 말이었기

때문입니다. 그런 건 손님에게 주인님이 설명하셔야 하는 것이 마땅한데 감히 영역을 침범했으니 저는 죽어 마땅합니다."

지누는 가슴을 쾅쾅 쳤다.

"그게 바로 제가 바라는 내용이라고요!"

하지만 필로소피아는 절대 안 될 소리라는 듯 거세게 손을 흔들었다.

"그것만은 결코 못합니다. 게다가 책이 할 일도 아닙니다."

"아저씨는 이제 노예도 아니고, 책도 아니라고요!"

답답해서 내뱉은 말이었지만, 그게 필로소피아를 겁에 질리게 만들었다.

"절 팔아버리실 건가요? 아니면 사자 밥으로?"

지누는 한숨을 내쉬었다. 전의 논리학 책에 비해 이번엔 사람이어서 훨씬 말이 잘 통할 거라고 기대했는데 방금 포기한 것이다.

이 아저씨는 어떤 책보다도 불친절하고, 어떤 책과 글자보다도 더 딱딱하다. 말은 많지만 대화가 통하지 않는다는 점에서 차라리 말 없는 책이 더 낫다 싶을 정도였다.

다행스럽게도 이때 뭔가 말은 많았지만 거의 통하지는 않은 두 사람의 대화를 멈추게 하는 소리가 들려왔다. 캡틴의 외침이었다.

"귀를 틀어막아라! 곧 세이렌의 섬이다!"

"세이렌? 세이렌이 뭐지?"

중얼거리는 지누를 밀치고 필로소피아가 소리쳐 물었다.

"정말입니까? 정말 세이렌의 섬입니까?"

뱃머리에서 키를 잡고 있던 캡틴이 뒤도 돌아보지 않고 퉁명스 럽게 말했다.

"막기 싫으면 안 막아도 좋다. 단, 항해에 방해가 되면 용서하지 않겠다."

필로소피아는 멍청하게 입을 벌리고는 중얼거렸다.

"세이렌의 섬이라니. 세이렌의 노래를 듣게 되다니."

그는 곧 열정적으로 캡틴에게 외쳤다.

"절 돛대에 묶어주세요! 그 옛날 오디세우스가 그랬듯이 절 묶어 주세요! 절대 방해하지 않겠습니다. 하지만 세이렌의 노래를 들을

> **오디세우스**　고대 그리스의 음유시인 호메로스의 작품 《오디세이아》의 주인 공. 트로이 전쟁에 참여하여 공훈을 세우고 귀국하는 길에 온갖 모험을 하며 이십 년간 방랑했다는 이야기로 유명하다.

기회를 그냥 지나친다면 전 차라리 죽는 게 나을 겁니다."

지누는 이 순간 필로소피아와 캡틴이 나누는 대화를 이해할 수 없었지만 왠지 필로소피아가 조금 전 철학에 대해 말할 때와는 전혀 다른 사람이 된 것 같아서 놀란 눈으로 바라보았다. 눈곱만큼의 열의도 느껴지지 않던 조금 전과는 달리 지금 하는 말에는 열의가 있었다. 그저 마지못해 말하던 눈엔 빛이 반짝이는 것처럼 보였다. 무엇보다도 한 가지가 달라졌다.

지금의 필로소피아는 노예 같지 않았다.

"대체 세이렌이 뭐죠?"

지누는 돛대에 묶여 있는 필로소피아에게 물었다. 필로소피아는 바보처럼 행복한 표정을 지으며 히죽거리다가 지누의 질문에 눈살을 찌푸렸다.

"아니, 그것도 모르십니까?"

입버릇처럼 내뱉는 오, 주인님 소리는 안 해서 좋았지만 어쩐지 무시하는 듯한 말투여서 지누는 기분이 상했다. 필로소피아가 그걸 눈치챈 듯 얼른 말을 이었다.

"오, 학식과 교양이 넘치는 주인님. 가끔은 모르는 것도 생기는 법이지요. 깜빡 잊을 수도 있는 거고요. 저 세이렌은 여자의 얼굴과 새의 몸뚱이를 한 요정으로, 바다 한가운데의 섬에 살고 있다고 합니다. 세 자매가 있는데 하나는 노래를 부르고, 하나는 피리를, 다른 하나는 악기를 연주해서 지나가는 선원을 꾀어들인답니다. 세이렌의 노래엔 그쪽으로 안 갈 수 없는 마법의 힘이 있기 때

문에 노래를 듣고 멍하니 가다가 섬 주변의 암초에 좌초되어 죽고
마는 것이지요. 그래서 위대한 호메로스는 이렇게 노래했습니다."

필로소피아는 목청을 가다듬고 노래하듯 시를 읊었다.

세이렌 자매가 풀밭에 앉아 낭랑한 노랫소리로 사람을 호리면,
그들 주위로 사람들이 하나 둘 죽어나가면서
썩은 시신의 살이 문드러지고 뼈들이 무더기를 이루게 되지요.

지누는 몸을 떨었다. 썩은 살이니 뼈니 하는 소리가 끔찍해서였
다. 아까 소크라테스에 대해 부른 노래가 빵점이라면 지금의 노래
는 120점은 줘야 할 것 같았다. 단지 노랫말만 듣고 있는데도 내용
이 귀에 꽂히면서 가슴을 흔들고 있었다.

필로소피아가 암송을 마치고 계속 말했다.

"트로이 전쟁이 끝나 귀국하던 오디세우스는 이 세이렌의 섬에
대해 미리 알고 있었지만 그 마법의 노래를 직접 시험해보고 싶었
답니다. 그래서 귀를 막지 않고 돛대에 스스로를 묶었지요. 과연
노래가 들리자마자 그는 미친 듯이 세이렌에게 가려고 했지만 선
원들이 풀어주지 않아서 무사히 통과했다고 합니다."

호메로스 서사시 《일리아스》와 《오디세이아》의 작가로 알려진 고대 그리스
의 음유시인. 실제로 생존했던 시기나 생애 등에 대해서는 알려진 것이 거의
없다.
트로이 전쟁 지금의 터키에 있는 고대 국가 트로이를 둘러싸고 트로이와 그
리스 원정군 사이에 벌어진 전쟁. 호메로스의 서사시 《일리아스》와 《오디세
이아》에 등장한다. 이 이야기는 신화 속 이야기일 뿐이라고 여겼는데, 독일의
고고학자 슐리만이 1870년 트로이의 유적을 발굴하면서 그 존재가 드러났다.

소크라테스를 구출하라

지누가 퉁명스럽게 말했다.

"아깐 대체 왜 이렇게 못한 거죠?"

"예?"

"아깐 설명도 안 되고 정리도 안 된다고 하더니 지금은 그런 거다 하잖아요."

필로소피아는 잠시 멍하니 있다가 씨익 웃었다.

"철학은 제게 일이지만 신화와 노래는 제 취미라서 그렇습니다. 절친했던 친구 뮈토스는, 그의 죽음에 평안 있기를, 참 재미있는 친구였습니다. 주인님 앞에 나가 갖가지 신화와 노래들을 암송하지 않을 때도 제게 여러 가지 재미있는 이야기를 들려주곤 했었죠. 제가 방금 말한 것은 다 그 친구에게서 들은 것입니다."

"철학에 대해서도 그렇게 하면 안 돼요?"

필로소피아의 표정이 굳어졌다.

"일은 일입니다. 취미하곤 다른 것이죠."

그때 파도 소리를 뚫고 어디선가 음악 소리가 들려왔다. 필로소피아가 쉿 소리를 냈다. 조용히 하라는 뜻이었다.

지누는 깜짝 놀랐다. 지금까지 설마설마했는데 정말 노랫소리가 들려오고 있지 않은가. 신화는 거짓말이 아니었나? 그게 실제로 있었단 말이야?

문득 지누는 고개를 흔들었다. 실제니 거짓이니 따지자면 지금 이 자리에 이렇게 있는 것 자체가 말도 안 되지. 그냥 보이는 대로 받아들여야 하는 것이다. 그래서 지누도 노랫소리에 귀를 기울였다. 정말 세이렌에게 가고 싶어지나 한번 두고 보자.

가고 싶어졌다. 단지 노래의 마법 때문이 아니라 위는 사람이고 아래는 새의 모습이라는 그 요정들이 실제로는 어떻게 생겼나 보고 싶어서였다.

"캡틴! 우리 그 요정을 볼 수 있는 곳까지만 다가가면 안 될까요? 암초는 피하면 되잖아요!"

캡틴은 대답하지 않았다. 뒤도 돌아보지 않았다. 바다에는 안개가 자욱이 깔려 있었다. 캡틴은 그 안개 속을 무사히 항해하는 것에 신경을 집중하고 있는 모양이었다.

지누는 포기하지 않았다. 뱃전에 기대어 서 있는 애지의 옷소매를 잡아 흔들며 말했다.

"너도 세이렌을 보고 싶지 않니?"

애지는 귀를 가리키며 도리도리 고개를 저었다. 지누와 달리 귀를 막은 모양이었다. 지누는 자기 말을 들어달라고 열심히 손짓했다. 세이렌의 노래가 점점 약해지는 것이 지금 바로 방향을 돌리지 않으면 그냥 지나쳐버릴 것 같아서였다.

그때 누군가가 지누의 뒷덜미를 잡아 들어올렸다. 캡틴이었다. 캡틴은 그대로 지누를 들어서 필로소피아가 묶여 있는 돛대로 다가가더니 지누까지 함께 묶어버렸다. 미처 깨닫지 못하고 있던 사실이었지만 필로소피아는 세이렌에게 가게 해달라고 눈물, 콧물을 짜며 고래고래 고함을 지르고 있었다. 그리고 지누 자신도 그렇게 하고 있었다.

얼마나 시간이 흘렀는지 몰랐다. 지누는 문득 정신을 차렸다. 몸을 묶은 밧줄이 살을 파고드는 것 같아서 견딜 수 없이 아팠다.

"그만 풀어줘요! 이제 괜찮아요!"

캡틴이 다가오더니 허리춤에서 날카로운 단도를 꺼냈다. 지누는 잠시 숨을 멈추었다. 항해를 방해하면 용서하지 않겠다더니 설마 죽이려고? 다행히 캡틴은 밧줄을 끊어주고는 단도를 다시 꽂았다. 그러고는 그들이 이미 지나온 바다 저편을 말없이 가리켰다.

안개가 가라앉고 있었다. 그리고 그렇게 가라앉아 수면 위 겨우 몇 미터 높이로 일렁이는 안개 위로 울퉁불퉁한 바위섬이 보였다. 그리고 그 위에 서 있는 희미한 그림자도. 이미 멀리 떨어져서 자세히 볼 수는 없었지만 그 그림자가 셋이라는 것은 충분히 알아볼 수 있었다.

지누는 침묵을 지키고 있다가 캡틴에게 물었다.

"우리, 위험했던 거예요? 음, 아니.

저 때문에 위험에 빠졌던 거냐고요."

캡틴이 지누를 바라보다가 고개를 흔들었다. 그러고는 어깨를 살짝 두드리며 말했다.

"그다지 위험하진 않았지. 앞으로도 그리 위험하진 않을 테고."

캡틴이 키를 향해 가며 한마디 덧붙였다.

"내 말만 잘 들으면."

모험 2

하데스의 애완견

배 위에서의 시간은 무척이나 이상하게 흘러갔다. 아침이 한참 전에 지나간 것 같은데 태양은 아직 머리 꼭대기에 다다르지 않았다. 점심때도 안 된 것 같았다. 항해도 이상했다. 배는 느릿느릿 천천히 파도를 타는 것처럼 보이는데 멀리 앞에서 보이던 섬이 순식간에 가까워지는가 싶다가도, 이내 저만치 뒤로 처지다가 사라져 버리곤 했다. 그러니까 실제로는 엄청나게 빠른 속도로 항해하고 있는 것이다. 그런 게 피부로 안 느껴지는 게 신기할 따름이었다.

지누는 애지에게 다가가 물었다.

"점심때 안 됐나?"

애지가 물었다.

"배고파?"

지누가 대답했다.

"심심해."

애지가 재차 물었다.

"그게 뭐야? 배고프냐니까 왜 심심하단 말이 나와."

지누가 대답했다.

"심심하니까 밥이라도 먹었으면 한다는 거지, 뭐."

"심심하면 필로소피아한테 철학 이야기라도 듣지?"

"푸헉!"

지누의 입에서 괴상한 소리가 터져나왔다. 그래 보지 않은 게 아니었다. 아침에 암송하던 《변론》이라는 걸 계속 들었던 것이다. 하지만 재미는 없고 무슨 이야기를 하는지 알쏭달쏭 이해되지 않았다. 계속 듣다간 자버리겠다 싶어 중단하고 나온 참이었다. 그런데 또 철학 이야기?

지누는 말을 돌렸다.

"밥 이야기가 나왔으니까 말인데, 여기 메뉴가 좀 심하지 않냐? 매번 빵이랑 수프, 스파게티에 포도 주스만 나오잖아. 난 밥이랑 찌개가 먹고 싶다고."

애지는 한심하다는 듯 지누를 바라보다가 한숨을 내쉬고 말했다.

"여긴 그래도 양반이야. 나중에 그리스 사람들이 먹는 걸 그대로 먹을 기회가 생기면 알게 될 거야."

"그쪽은 어때서 그래?"

그렇게 지누가 물었지만 애지는 더 이상 할 이야기가 없다는 듯 캡틴을 향해 외쳤다.

"캡틴, 지누가 심심하다는군요. 빨리 좀 가볼까요?"

캡틴이 키를 잡은 채 소리쳤다.

"그럼 외눈박이 거인 키클롭스의 섬이나, 사람을 돼지로 변신시켜서 잡아먹는 키르케의 궁전, 바다괴물 스킬라와 카리브디스의 소굴 같은 곳은 안 들르고 그냥 가야 하는데 괜찮겠나?"

애지가 어떻게 하겠냐는 듯한 눈으로 지누를 바라보았다. 지누는 몸서리를 치며 고개를 설레설레 저었다.

"그런 괴물들이 우글거리는 곳으로 갈 계획이었단 말야?"

"모험을 하고 싶어 했던 거 아니었어?"

"나는 뭔가 재미있고 신나는 모험을 하고 싶었던 거지, 괴물들한테 잡아먹히고 싶었던 건 아냐."

애지가 어깨를 으쓱하고는 캡틴을 향해 외쳤다.

"그런 덴 가고 싶지 않다는군요!"

캡틴의 대답이 돌아왔다.

"그래? 그럼 속도를 올리지."

캡틴이 갑판 아래를 향해 뭔가 지시를 내렸다. 다음 순간 주변 풍경이 희끗해졌다. 하늘빛은 바다로 잠겨들고 파도는 하늘로 치솟아 바람과 섞여버린 것 같았다. 태양이 갑자기 형광등처럼 길게 늘어나고 구름은 별똥별처럼 하늘을 가로질러 날아갔다.

지누는 자기도 모르게 갑판에 엎드려 눈을 감았다. 배가 갑자기 우주선이라도 된 듯한 기분이었다. 뭔가 잡지 않으면 바깥으로 날려가버릴 것 같았다. 애지가 지누의 어깨를 두드리며 말했다.

"이 풍경을 안 보면 후회할걸?"

지누는 손가락 사이로 조심스럽게 눈을 떴다가 다시 감았다. 지누의 딱 벌린 입에서 비명이 터져나왔다. 배가 절벽으로, 아니 폭포 같은 곳으로 떨어져 내리고 있었던 것이다.

"괜찮아, 괜찮아!"

애지가 그렇게 말하며 지누의 손을 잡아주었다. 괜찮긴 뭐가 괜찮냐고 생각했지만 애지가 손까지 잡아주는데 계속 엎드려 비명만 지르고 있을 순 없었다. 지누는 있는 힘 없는 힘을 모두 끌어 올려 용감하게 눈을 떴다.

상황은 달라진 게 없었다. 배는 폭포처럼 쏟아지는 바닷물을 따라 아래로 떨어지고 있었다. 다시 비명을 지르며 눈을 감으려는데 애지가 잡은 손에 힘을 주었다. 지누는 그 힘에 자극을 받아 간신히 버틸 수 있었다. 그렇게 한참이나 눈을 뜨고 있는데도 풍경에는 별다른 변화가 없었다. 이게 폭포라면 엄청나게 높은, 혹은 깊은 폭포인 모양이었다. 게다가 배는 요동도 별로 없고, 뱃머리의 캡틴도 무슨 일 있느냐는 듯 꼿꼿이 서서 키를 잡고 있었다.

그때 필로소피아가 선실에서 나왔다. 처음에는 이게 무슨 일이냐는 듯 눈을 크게 뜨더니 이내 비명을 지르며 갑판에 엎드려 덜덜 떨었다. 그리고 입으로는 온갖 신을 부르고 있었다. 그 모습을 보자 지누는 상대적으로 차분해졌다. 조금 전까지 자신이 저러고 있었을 걸 생각하니 창피하기까지 했다.

이제 지누는 용기를 더욱 끌어올려 반대쪽 뱃전으로 가서 갑판 난간을 꽉 잡고 내려다보았다. 그러나 현기증이 돌아 지누는 하마터면 쓰러질 뻔했다. 난간을 꽉 쥐고 있지 않았으면, 애지가 거기까지 따라와 손을 잡고 있지 않았으면 배 바깥으로 떨어졌을지도 모른다. 배 밖은 끝없이 깊은 낭떠러지였다.

"바다의 끝이야."

애지가 말했다. 지누는 잠시 마음을 가다듬고, 머리를 굴려보고서야 무슨 말인지 알아들었다. 신탁에서 말한 그 '바다의 끝'이라는 뜻인 듯했다. 가만, 신탁이 또 뭐라고 했더라? 그제야 기억났다.

"그럼 여기가 바로 바다의 끝, 세상의 저편인 거야?"

애지는 고개를 저었다.

"바다의 끝이기만 하지, 세상의 저편은 아직 아니야. 그곳은 조금 더 가야 해."

지누는 떨면서도 웃었다.

"와본 것처럼 말하네?"

애지가 이번에는 고개를 끄덕였다.

"가끔."

지누는 말문이 막혔다. 애지는 정말 알다가도 모를 아이였다. 아니, 아이이기나 한 건지도 모르겠다. 어쩌면 이 모든 일이 꿈이나 환각 같은 게 아닐까? 꿈 바깥에서 지누는 그리스 철학이라는 두껍고 큰 책에 깔린 채 진땀을 흘리며 자고 있는 것은 아닐까? 가위에 눌렸을 때처럼 말이다.

"세상의 저편이 시작되고 있어."

애지의 말이 지누의 상념을 깨뜨렸다. 배는 어느새 추락을 그치고 완만하게 흐르는 회색빛 강물을 따라 흘러가고 있었다. 모든 것이 회색이거나, 회색빛에 가까운 색깔이었다. 회색 강변에는 흐릿한 그림자 같은 나무들이 드문드문 서 있고, 그 사이로 그보다 더 흐릿한 무언가가, 마치 사람의 그림자 같은 것이 어슬렁거리고 있었다.

"오, 신비로운 일을 아무렇지도 않게 펼쳐 보여주시는 신과도 같은 주인님, 여기가 어딘지 이 불쌍한 노예에게 알려주실 수 있을까요?"

이제야 정신을 차린 듯 필로소피아가 다가와 물었지만 지누로서는 대답할 말이 없었다. 그저 애지를 바라볼 수밖에. 애지가 필로소피아를 보며 낮게 웃었다.

"차라리 안 듣는 게 나을 텐데요?"

필로소피아의 얼굴이 긴장으로 굳어졌다. 하지만 호기심이 두려움을 이긴 모양이었다. 필로소피아가 떨리는 입술로 말했다.

"오, 미네르바와 같이 지혜롭고, 베누스와 같이 아름다운 여주인님이시여, 설령 진실이 아무리 비참하고 두려울지라도 확인하지 않고는 참지 못하는 것이 인간의 약점이기도 하다는 것을 너무나 잘 아시는군요. 아무리 두려운 이름이라도 저는 들을 준비가 되었습니다. 이곳이 플루톤이 지배하는 아베르노스만 아니라면 저는 얼마든지 견딜 수 있습니다."

애지가 머리를 긁으며 말했다.

"로마 말로는 그렇지요. 아테나를 미네르바, 아프로디테를 베누스라고 부른 것처럼, 예, 맞아요. 로마 사람들이 플루톤이라 부르는 하데스가 지배하는 땅 아베르노스, 그리스어로 아오르노스, 즉 저승이라고도 하는 죽은 자의 땅이죠. 아니, 정확하게 말하면 저승으로 가기 직전의 세계인 에레보스를 흐르는 강물 위예요."

그러곤 애지는 강물 저편을 가리켰다.

"저기 오는 나룻배의 사공 이름이 카론이 맞다면 말이에요."

끼익끼익 노 젓는 소리와 함께 회색빛 안개를 뚫고 나룻배 한 척이 나타났다. 그 배의 꽁무니에는 뱃사공이 서서 노를 젓고 있었는데 눈에선 불길이 타오르는 듯하고 수염이 길게 자란 노인이었다. 그 노인이 벽력같은 호통을 내질렀다.

"누구냐, 너희는? 에레보스를 흐르는 다섯 강, 곧 죽음 같은 증오의 물결 스틱스, 참혹한 비애의 강 아케론, 통곡과 비탄의 강 코키토스, 분노의 불길이 타오르는 플레게톤, 망각의 강 레테, 이렇게 다섯 강 위에 배를 저어갈 수 있는 이는 저승의 뱃사공인 나, 카론밖에 없다!"

필로소피아는 입에 거품을 물고 천천히 쓰러졌다. 기절한 모양이었다. 지누도 그 뒤를 따르고 싶었지만 애지가 손을 잡고 속삭이는 바람에 간신히 참을 수 있었다.

"이 배에서 내리지만 않으면 우린 안전해. 저 뱃사공을 상대하는 건 캡틴에게 맡겨두고."

과연 캡틴이 품에서 뭔가를 꺼내 흔들자, 카론은 입을 다물더니 배를 돌려 떠나버렸다. 캡틴이 꺼낸 것은 황금빛으로 번쩍이는 물건이었는데 마치 나뭇가지 같은 모양이었다.

"저게 뭐지?"

지누의 질문에 애지는 '통행증'이라고 간단히 대답하곤 입을 다물었다. 그러는 사이 배는 어느덧 강변에 닿았다. 내려야 하나? 하지만 배에서 내리지만 않으면 안전하다고 했잖아. 생각하는 사이 배는 강변에 닿더니, 강변을 기어 올라가기 시작했다. 놀라서 뱃전 밖으로 고개를 내밀고 내려다보자 어느새 노는 배 안으로 모두 들어가버리고 대신 바퀴가 튀어나와 있었다. 배가 마치 수륙양용 자동차처럼 움직이고 있는 것이다.

"내려서 걸어가기에는 너무 위험한 곳이야."

애지가 그렇게 말했다. 그 말을 받아 화답하기라도 하듯 어느새 깨어난 필로소피아가 나직이 읊조리기 시작했다.

지옥의 현관에는 한탄과 원한, 창백한 역병과 음울한 노년, 공포와 끝없는 기아, 분노와 궁핍, 죽음과 복수가 떠돌고 있네.

복수의 여신 에리니에스, 불화의 여신 에리스, 백 개의 팔을 가진 브리아레오스, 헛바닥을 날름거리는 히드라, 불을 뿜는 키메라…….

필로소피아는 무시무시한 괴물의 이름을 끝도 없이 나열하더니 이번에는 지옥에서 고통받는 모습들을 노래하기 시작했다.

독수리에게 간을 파먹히는 티티오스, 멈추지 않는 불의 수레바퀴에 묶인 익시온, 끝없이 바위를 굴려 올라가는 시시포스, 목까지 물에 잠겨 있으면서도 갈증에 시달리는 탄탈로스……

제발 그만 좀 해줬으면 좋겠다 싶었지만 굴러가는 배 바깥으로 그런 풍경이 실제로 보이고 있어서 멈추게 할 수도 없었다. 그나마 필로소피아의 노랫소리라도 없으면 너무나 무서워서 기절해버릴 것 같았다.

"다 왔어."

애지가 말하자 필로소피아의 탄식 같은 노랫소리가 끊어졌다. 그들 앞에는 높은 옥좌가 있고 거인처럼 큰 남자와 여자가 앉아 있었다. 남자는 거의 벌거벗었지만 머리에는 왕관을 쓰고 있었고, 여자는 큰 천으로 몸을 둘렀는데 역시 왕관을 쓰고 있었다. 그들의 옥좌 아래에는 머리가 세 개 달린 개처럼 생긴 괴물이 누워 뒹굴다가 지누 일행을 보고 세 개의 입으로 동시에 짖어댔다. 더없이 추하고, 무섭게 생긴 괴물이었다.

필로소피아가 중얼거렸다.

"저승의 왕 하데스와 그 왕비 페르세포네, 그리고 하데스의 애완견 케르베로스입니다. 지옥의 문지기 개라고도 하지요."

그 말을 끝으로 그는 다시 조용히 쓰러졌다. 필요할 때만 상습적으로 기절하는 것을 보면 진짜 정신을 잃는 건지 시늉만 하는 건지 모르겠다고 지누는 생각했다. 지누도 그러고 싶었다. 그럴 수만 있었다면.

하데스가 말했다.

"내 왕국에 함부로 들어와 수레에서 내리지도 않는 자들은 누구냐?"

애지가 뱃머리로 나아가 고개 숙여 인사하고 나서 말했다.

"산 것들은 어차피 오게 되어 있는 땅을 다스리는 하계의 신들이시여, 생명의 종말, 그리고 아직 창조되지 않은 것들의 나라를 다스리는 이들이시여, 저를 보호해주는 분을 대신하여 인사 올립니다. 다시 한 번 시간을 되돌리고, 델포이의 신탁이 이루어지도록 도와주시기를."

하데스는 애지를 알아보는 듯했다.

"또 그대인가? 하지만 이번에는 그냥 들어줄 수 없다."

애지는 서둘러 말했다.

"하지만……."

하데스가 손을 들어 말을 막았다. 그러고는 손가락을 펴서 지누를 가리켰다.

"네가 내 귀여운 애완견을 만질 용기가 있다면 원하는 대로 해

페르세포네 그리스 신화에서 땅의 여신 데메테르의 딸로, 저승의 신 하데스에게 납치되어 저승의 여왕이자 왕비가 되었다.

주리라."

지누가 더듬거리며(있는 대로 용기를 끌어내야 했기 때문에 자연스레 그렇게 되었다) 물었다.

"애, 애완견이라뇨?"

하데스는 말없이 자기 발치에 있는 머리가 세 개인 괴물을 가리켰다. 그러고는 천장이 무너져 내릴 것처럼 웃어댔다. 하지만 지누는 따라 웃을 수 없었다. 사실은 울고 싶었다. 저게 애완견이라고? 개를 특별히 무서워하는 건 아니지만, 저건 개가 아니라 괴물이잖아. 이건 반칙이야.

지누는 도와달라는 눈길로 애지를 바라보았다. 애지도 뭔가 방법이 없을까 고민하는 듯 눈살을 찌푸리고 있더니 겨우 말했다.

"저 개도…… 강아지일 적에는 귀여웠을지도 모른다고 생각해봐."

그게 말이 되냐. 머리 세 개인 강아지가 귀여웠을 리 없잖아. 지누는 화를 내려다가 다시 생각해보니 문득 괴물이 불쌍해졌다. 자기도 그렇게 태어나고 싶어서 그렇게 태어났을 리 없잖은가. 그어미 개 눈에는 강아지가 귀여웠을 수도 있겠지. 그리고 지금 실제로 귀여워하고 있는 하데스도 있지 않은가.

'설마 잡아먹기야 하겠어? 그저 만지는 것뿐인데.'

그러나 케르베로스와 눈이 마주치자 그놈은 세 개의 커다란 입을 벌렸다. 번쩍이는 여섯 줄의 이빨들, 세 개의 혓바닥, 그리고 동굴처럼 깊은 세 개의 목구멍이 지누를 질겁하게 했다.

'어쩌면 잡아먹힐지도.'

애지가 말했다.

"겁내면 안 돼. 너무 갑작스러워도 안 되고. 천천히 태연하게 손을 내밀어서 만지면 돼."

지누는 침을 꿀꺽 삼키고 손을 내밀었다. 아무리 안 그러려고 해도 부들부들 떨리는 것을 어쩔 수 없었지만 지누의 손은 조금씩 케르베로스에게 다가갔다. 그리고 막 만지려는 순간, 케르베로스가 왕 하고 짖으며 세 개의 입으로 지누의 팔을 깨물려 했다. 그때 캡틴이 뱃전으로 몸을 내밀어 케르베로스의 세 개의 목을 팔뚝에

끼고 조였다.

애지가 외쳤다.

"어서!"

지누는 얼른 케르베로스의 머리 하나를 툭 건드리고 뒤로 물러섰다. 캡틴은 그제야 케르베로스를 놓아주었다.

하데스가 화를 냈다.

"반칙이야!"

애지가 태연히 말했다.

"도움을 받으면 안 된다는 말은 없었잖아요. 기본적으로 만질 용기가 있느냐 없느냐의 문제였고, 지누는 그걸 충분히 증명했어요. 물리기 직전까지 손을 내밀었으니까요."

페르세포네가 웃으며 말했다.

"그 말이 맞네요."

하데스는 쳇 소리를 내고는 손을 저었다.

"네 뜻대로 되었다!"

캡틴이 키를 다시 잡았다. 지누는 어떤 길로 어떻게 나왔는지도 몰랐다. 살아서 저승에 갔다 온 경험이, 지옥의 문지기 개를 만지며 쥐어짠 용기가 지누를 지쳐 쓰러지게 했기 때문이었다. 잠에서 깨어났을 때 배는 황혼이 내리는 바다를 항해하고 있었는데, 배가 향하는 방향에는 점점이 흩어진 섬들이 있었다.

"대체 무슨 일이 있었던 거지?"

지누가 넋 나간 얼굴로 중얼거렸다. 옆에서 필로소피아도 같은 표정으로 중얼거렸다.

"오, 주인님. 저는 지옥에서 돌아온 것 같습니다. 꿈인지 생시인지 모르겠어요. 말로는 신들을 이야기했지만, 그건 단지 옛이야기일 뿐이라고 생각했는데⋯⋯."

애지는 그들과 달리 태연한 얼굴로 멀리서 다가오는 섬들을 보며 말했다.

"옛이야기 맞지."

지누가 애지에게 화를 내듯 물었다.

"대체 이게 철학이랑 무슨 관계야! 신이니 저승이니 괴물이니 하는 것들이 말야! 이런 여행, 당장이라도 관두고 싶어."

"이제 시작인데?"

애지가 지누에게 고개를 돌리며 웃었다.

"우린 이제 겨우 신화의 시대를 빠져나온 거야. 옛날 사람들이 세상을 보던 방식이 바로 신화라고. 번개가 치면 번개의 신을 두려워하고, 비가 오면 비를 내리게 하는 신에게 제사를 지내던 시절. 그건 과학이 없던 시절에 나름대로 세계를 이해하는 방식이었던 거야. 그리고 그 과학은 철학으로부터 시작하지."

애지는 다시 다가오는 육지로 시선을 돌리며 중얼거렸다.

"바로 저곳에서."

모험 3

밀레투스의 아르케

배는 점점이 흩어진 섬들을 지나 대륙의 일부로 짐작되는 긴 육지의 항구 안 부두에 정박했다. 항구에는 많은 배들이 정박해 있었고, 오가는 사람들도 많았다. 하지만 날이 어두워지기 시작했고, 그들이 정박한 곳은 항구 안에서도 제일 외진 곳에 있는 부두라 가까이 오는 사람이 없었다.

"여기서 철학이 시작됐다고? 여기 어디서?"

애지가 말했다.

"곧 알게 될 거야."

가만히 있던 필로소피아가 갑자기 열을 내며 물었다.

"혹시 이곳이 밀레투스 아닌가요?"

애지는 대답 없이 웃기만 했다. 지누가 물었다.

"밀레투스에 누가 있는데?"

필로소피아가 평소의 말투와는 달리 '오' 소리도 빼고, '주인님' 이라고 부르지도 않고 혼잣말처럼 대꾸했다.

"옛날, 아니 어쩌면 지금 탈레스라는 분이 살지요. 제 생각이 맞다면 말입니다."

그때 나무가 삐걱거리는 소리가 들려왔다. 소리 나는 곳을 바라보자 그들이 있는 부두로 누군가 다가오고 있었다. 통나무로 기둥을 세우고 나무판자를 깔아 만든 부두라 그런 소리가 나는 것이다. 그러고는 삐걱, 우지끈, 어이쿠 소리가 들려왔다.

삐걱은 낡아서 헐겁게 된 판자를 누군가가 밟아서 뒤틀리는 소리, 우지끈은 그게 부러지는 소리, 그리고 어이쿠는 분명히 사람의 비명 소리다.

지누는 얼른 소리 난 곳으로 달려갔다. 위험에 빠진 사람을 보면 본능적으로 도우러 달려가는 게 대한의 건아 아닌가.

산타클로스처럼 수염이 긴 할아버지 한 분이 부두의 판자가 부서져서 뚫린 구멍에 한 발을 빠뜨린 채 쓰러져 있었다.

"괜찮으세요?"

밀레투스 지금의 터키에 위치한 고대 항구도시. 지중해, 흑해 무역의 중심으로 번성하며 멀리 이집트까지도 왕래했다. 고대의 철학자 탈레스, 아낙시메네스 등 밀레투스학파가 이곳을 중심으로 활동했다.

소크라테스를 구출하라

지누는 노인을 부축해 일으켰다. 노인은 끙끙 신음 소리를 내며 구멍에서 발을 뺐다.

"아이고, 고맙네. 미처 발밑을 확인하지 못했어."

지누를 뒤따라 달려온 필로소피아가 같이 부축해서 노인을 구멍에서 완전히 빼내주었다. 멀리서 누군가가 외치며 달려왔다.

"주인님, 주인님, 무슨 일이세요?"

노인은 간신히 일어나서 발을 디뎠지만 이내 신음 소리를 내며 주저앉았다. 다리를 다친 모양이었다. 그때 달려오던 사람이 도착해서 노인 옆에 주저앉았다. 여자였다.

"주인님, 또 다치셨군요. 그러게 여긴 왜 혼자 오셔 가지고. 생선 사는 동안 그냥 기다리시라고 했잖아요."

노인이 변명하듯 말했다.

"해 질 녘에 바다는 어떻게 변하는지 좀 더 가까이에서 보려고 그랬지. 물은 늘어나는가 줄어드는가, 물 흐름은 어디서 어디로 향하는가, 이 모든 것에 저 저물어가는 태양이 미치는 영향은 무엇일까 등등."

하녀가 노인의 다리를 살펴보며 말했다.

"하루 두 번 바닷물은 차올랐다 가라앉았다 하죠. 뱃사람이 아니라도 여기 밀레투스 사람이면 그건 다 알아요. 그걸 여기까지 와서 눈으로 확인하실 필요가 뭐 있어요."

"왜 그런가가 중요하지. 대체 왜 바닷물이 그런 움직임을 보이는 걸까. 우물물이나 강물도 그런가? 혹은 안 그런가? 그렇다면 그 이유는? 난 그 이유가 궁금해."

"다행히 부러지진 않은 것 같군요. 집에 돌아가서 며칠 쉬시면 나을 것 같아요. 물론 주인님이 직접 보시면 더 잘 아시겠지만요."

하녀가 일어섰다. 그리고는 자기가 주인인 것처럼 노인을 내려다보며 놀리듯 말했다.

"전에도 밤하늘만 보며 걷다가 우물에 빠지셨잖아요. 그때도 말했지만 정말 주인님은 하늘에 떠다니는 것을 알려는 열망이 너무 강해서 발 앞에 있는 것은 못 보신다니까요."

필로소피아가 중얼거렸다.

"역시 그분이셨어. 탈레스⋯⋯. 최초의 철학자. 철학이라는 말이 없던 시대의 철학자, 철학의 아버지."

노인이 손을 흔들며 말했다.

"그만해둬라. 그보다 날 도와준 분에게 인사도 못 드렸구나. 어서 일으켜줘."

노인은 하녀의 부축을 받아 일어서서 지누를 흥미롭게 바라보았다.

"동방 분이시군. 나도 젊었을 땐 이집트를 비롯하여 동방의 여러 나라를 떠돌아다녔지. 수많은 나라와 다양한 인종, 문화, 의복 등을 보았지만 지금 보는 것과 같은 의복은 본 일이 없네. 틀림없이 지금까지 잘 알려지지 않은 신비의 땅에서 온 것이 분명해. 신비한 이야기도 잔뜩 있을 테고. 그 전에 먼저 인사를 하세. 나는 밀레투스의 탈레스라고 하네. 내 하녀 말대로 하늘에 떠 있는 것을 보느라 발밑은 살피지 못하는 어리석은 늙은이라네."

지누가 마주 인사를 하기 전에 필로소피아가 나직하게 중얼거렸다.

"그리스 일곱 현인의 하나가 어리석다면 세상엔 현명한 사람이 하나도 없겠죠."

탈레스가 그 말을 들었는지 눈살을 찌푸리며 필로소피아를 보았다.

"일곱 현인 중 하나라는 과분한 이름으로 나를 부르고 있다는 걸 알고 있긴 하지. 하지만 자네가 그걸 어떻게 알고 있지?"

그러고는 지누에게 시선을 돌렸다.

"이 노예는 동방 분의 것인 듯한데 이상한 말을 하는군. 내가 모르는 무언가를 알고 있는 듯하단 말야."

"가끔 헛소리를 해요. 신경 쓰지 마세요."

필로소피아가 책이라느니 로마에서 왔다느니 설명하기 복잡할 것 같아서 대충 얼버무리고 지누는 허리를 구부려 꾸벅 절을 했다.

"지누라고 합니다. 대한민국에서 왔어요. 말씀대로 멀리 동쪽에 있는 나라죠."

"대한…… 뭐? 과연 처음 들어보는 이름이군."

발음이 잘 안 되는지 그 이름을 몇 번씩 되뇌어보는 탈레스에게 하녀가 말했다.

"지금 집으로 돌아가시지 않으면 길가의 구덩이에 몇 번 더 빠질지도 몰라요. 저 혼자 주인님을 부축하고 아까 산 생선까지 들기란 무리라는 것도 생각하셔야 하고요."

과연 혼자서 두 가지 일을 다 하기는 힘들어 보였다. 노인과 하녀가 어쩌면 좋을지 의논하는 사이에 애지가 지누에게 슬쩍 말했다.

"필로소피아랑 같이 도와주고 와. 저녁 식사를 대접하겠다고 하면 먹고 와도 좋아."

"너는?"

"여기선 여자 손님을 안 좋아해. 난 그냥 배에 있을게."

"나 혼자 가도 괜찮을까. 그……"

낯선 곳에서 홀로 남는 건 어쩐지 두렵다는 말은 차마 못하고 있는데 애지가 말을 끊었다.

"시간이 되면 마중 나갈게."

그 말에 더 이상 주저할 수 없게 되었다. 지누는 탈레스에게 말했다.

"저와 제 노예가 도와드릴게요."

탈레스는 무겁지 않았기 때문에 필로소피아가 아예 업어서 모셨다. 그 뒤를 하녀가 생선 꾸러미를 든 채 따르고, 지누는 그 옆에서 나란히 걸어갔다. 거리는 이제 완전히 어두워져 길가의 창문에서 흘러나오는 불빛이 아니면 제대로 길을 가기 힘들 정도였다. 지누는 낯선 곳의 어둠이 무서웠다. 뭐라도 튀어나올 것 같았다. 그런 기분을 떨치기 위해 지누는 하녀에게 말을 걸었다.

"저, 아줌마. 아까 탈레스 할아버지가 그리스 일곱 현인 중 하나라고 하셨잖아요. 현인이란 현명한 사람이라는 뜻일 테니까 그럼 할아버지가 그리스에서 가장 현명한 사람 일곱 명 중 하나라는 건 가요? 왜 그런 이름이 붙여졌죠?"

"물론 현명한 분이니까 그렇지요. 사실은 일곱 명 중 하나가 아니라 그중에서 제일이라고 해야 하는 게 마땅해요. 황금 트로피는 결국 주인 나리께 다시 돌아왔으니까요."

"황금 트로피요?"

"그래요, 황금 트로피."

하녀의 말은 이랬다. 어느 날 이 부근 섬에 사는 어부가 끌어올린 그물에 황금으로 만든 트로피가 걸려 나왔다. 그런데 그 그물에 걸린 물고기를 모두 사기로 미리 계약한 사람이 있어서 트로피역시 그물에 걸려 나온 것이므로 자기 것이라고 주장했고, 어부는 물고기만 팔기로 했지 다른 것도 팔기로 한 건 아니라고 주장해 결국 두 사람은 재판관 앞에서 싸우게 되었다.

어떻게 판결해야 좋을지 모르게 된 재판관은 델포이의 아폴론 신전에서 신탁을 받아오게 했다. 신의 도움을 구한 것이다. 신탁은 황금 트로피를 '그리스에서 가장 현명한 사람에게 주라'고 하는 것이었다. 그래서 황금 트로피는 탈레스에게 주어졌다.

그러나 탈레스는 그것을 받지 않고 자신보다 현명하다고 생각하는 다른 사람에게 보냈다. 그 사람 역시 또 다른 사람에게 보냈기 때문에 황금 트로피는 이 손에서 저 손으로 옮겨졌는데, 일곱 번째로 지목된 아테네의 솔론은 그걸 다시 탈레스에게 보냈다. 탈레스는 이번에는 받아서 아폴론 신전에 봉헌해버렸다. 따라서 트로피가 거쳐간 일곱 사람을 그리스의 일곱 현인이라고 부르는 것이다.

"처음뿐만 아니라 끝에도 받았던 우리 주인님이 물론 최고라는 걸 손님도 납득하시겠죠? 무엇보다도 우리 주인님은 일식이 언제 있을지를 예언하셨고, 그림자를 이용해서 피라미드의 높이를 측량하셨으며, 기후를 예측해서 철학자도 마음만 먹으면 부자가 될 수 있지만 단지 관심을 갖지 않을 뿐이라는 걸 증명하신 분이니까요."

하늘만 보느라 발밑은 신경 쓰지 않는다고 타박을 하면서도 하녀는 자기 주인을 대단히 존경하는 모양이었다. 탈레스가 이룬 업적과 일화들에 대한 이야기가 끝도 없이 나왔다. 하지만 마지막에 그녀는 한숨으로 말을 맺었다.

"이젠 명성과 부귀를 즐기면서 편히 쉬셔도 될 만큼 연세도 드신 분이 아르케인지 뭔지를 밝혀낸다고 아직도 저렇게 몸을 다쳐가며 연구에 몰두하고 계시니……."

하녀의 수다에 끼어들 틈을 못 찾고 듣고만 있던 지누가 이때를 놓칠세라 물었다.

"아르케가 뭔데요?"

대답은 탈레스가 했다.

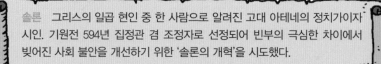

솔론 그리스의 일곱 현인 중 한 사람으로 알려진 고대 아테네의 정치가이자 시인. 기원전 594년 집정관 겸 조정자로 선정되어 빈부의 극심한 차이에서 빚어진 사회 불안을 개선하기 위한 '솔론의 개혁'을 시도했다.

소크라테스를 구출하라

"만물의 근본 요소가 무엇인가, 만물은 무엇으로 만들어져 있는가 하는 것에 대한 대답이라네, 어린 손님."

그들은 탈레스의 집 앞에 와 있었다. 문 안에서 횃불을 든 노예들이 마중을 나오고 곧 그들은 따뜻한 물에 목욕을 한 뒤(노예들이 일일이 씻겨주었다) 삼면이 대리석 벽으로 둘러싸였지만 하나는 탁 트여서 정원이 그대로 내다보이는 커다란 방으로 안내되었다. 정원에는 노예들이 모닥불을 피우고 양인지 돼지인지 모를 고기를 굽고 있었다. 마치 바비큐 파티를 하는 듯한 분위기였다.

방에는 지누가 한 번도 본 적이 없는 형태의 긴 의자가 몇 개 놓여 있었다. 의자라기보다는 차라리 침대처럼 생겼다. 탈레스는 그 위에 올라가 왼쪽으로 비스듬히 누워 노예들의 안마를 받고 있었다.

지누가 들어가자 탈레스가 말했다.

"어서 눕게, 동방의 손님. 어서 누워서 편히 쉬게. 곧 다른 손님들이 오고 식사도 나올걸세. 그러면 향연을 시작하도록 하지. 아르케에 대해서는 그때 충분히 듣게 될걸세. 자네 노예는 그 뒤에서 있게 하지."

그렇게 비스듬히 눕는 게 이곳 예절인 모양이었다. 노예가 의자

일식 지구상에서 볼 때 태양이 달에 의해 가려지는 현상. 달이 지구와 태양 사이에 위치함으로써 생긴다.
피라미드 돌 또는 벽돌을 쌓아 올려 만든 사각뿔 형태의 건조물. 이집트, 수단, 멕시코 등에서 건조되었는데 이집트의 것이 유명하다.

위에 양털 담요 같은 것을 깔아준 위에 지누는 비스듬히 누웠다. 가죽 소파 같은 느낌이었다.

탈레스가 말했다.

"만물은 무엇으로 만들어져 있는가? 하늘, 바다, 땅, 동물 등등의 사물들은 실제로는 무엇인가? 우리는 사물의 생성과 변화를 어떻게 설명할 수 있는가? 이런 것을 나는 평생 궁금해하며 해명하려고 애써왔다네, 동방 손님. 아까 바다로 간 것도 마찬가지 이유에서였지. 바다는 왜 하루에 두 번씩 차고 가라앉는가? 무엇이 그런 현상을 만들어내는가? 그 이유를 알고 싶어서 말일세. 그 외에도 알고 싶은 건 얼마든지 있지만."

'그건 태양과 달의 인력 때문이잖아요'라고 지누는 말하고 싶었다. 학교에서 밀물과 썰물의 원인은 바로 그것이라고 배우지 않았던가. 하지만 태양과 달이 어떻게 해서 그런 현상을 만들어내느냐고 다시 물으면? 그땐 인력 때문이라고 하면 된다. 모든 물체에는 인력이 있어서……, 가만 그러면 뉴턴의 만유인력의 법칙을 이야기해야 하고, 그러려면 뉴턴이 누군지, 그가 살았다는 영국이 어떤 나라인지부터 설명해야 한다. 게다가 지구도 달도 태양도 우주에 떠 있는 행성인데 각자 중력이 있어서 어쩌고 설명해야 하

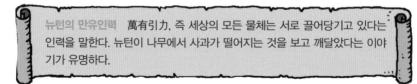

뉴턴의 만유인력 萬有引力, 즉 세상의 모든 물체는 서로 끌어당기고 있다는 인력을 말한다. 뉴턴이 나무에서 사과가 떨어지는 것을 보고 깨달았다는 이야기가 유명하다.

는데 지구가 평평한 판이라고 믿는 시대의 사람들에게 그게 받아들여질까?

지누는 그냥 입 다물고 가만히 듣기로 했다. 필로소피아도 이 집에 들어온 이후부터는 입을 다물고 서 있기만 했다. 다시 원래의 노예다운 모습으로 돌아간 듯했다.

손님들이 도착했다. 탈레스 할아버지보다 젊어 보이는 할아버지 한 분, 아낙시만드로스라는 발음하다가 혀가 꼬일 듯한 긴 이름을 가진 분이었다. 그보다 젊은 아저씨 한 분, 앞의 할아버지랑 친척 사이인지 아낙시메네스라는 비슷한 이름이었다. 나중에 들어보니 전혀 아니었다. 아낙시만드로스 할아버지는 탈레스 할아버지의 제자, 아낙시메네스 아저씨는 아낙시만드로스 할아버지의 제자라고 했다. 그러니까 지누는 세 사람의 공부 모임에 끼어든 셈이었다.

노예들이 식사 준비를 했다. 생선 구이, 양고기 구이, 빵, 포도, 그리고 붉은빛이 도는 액체였다. 생선 구이에는 기름을 뿌려놨는데 너무 느끼하고 냄새가 나서 먹을 수가 없었다. 물어보니 올리브기름이라고 했다. 양고기 구이는 기름을 뿌리지 않았는데도 냄새가 고약해서 먹을 수 없었다. 빵은 밀가루 반죽을 그냥 구운 것처럼 딱딱해서 이가 아플 정도였다.

붉은빛이 도는 액체는 주스일지도 모른다고 생각하며 맛을 봤더니 술이었다. 포도주가 음료로 나온 것이다. 얼른 입을 뗐지만 한 모금 넘어가버렸다.

지누는 오만상을 쓰며 물었다.

"물 없나요?"

탈레스가 대답했다.

"물론 있지."

노예가 물항아리를 가져오더니 포도주와 섞었다. 탈레스가 기다렸다가 한 잔 받아서 마시며 말했다.

"식사 중이니 일단 가볍게 마시기로 하세."

지누는 직접 물항아리에서 한 잔을 떠서 마셨다.

"전 그냥 물만 마실게요."

탈레스며 아낙시만드로스 등이 신기하다는 듯 바라보았다.

"그냥 물을 무슨 맛으로 마시지?"

"동쪽 손님이시니 풍습이 그럴 수도 있지."

모두 수군거리는 것이다. 나중에 알고 보니 이곳에선 어린아이도 포도주 섞은 물을 마신다고 했다. 어쨌건 먹을 수 있는 건 포도밖에 없었다. 지누는 배에서 먹은 요리가 그나마 먹을 만한 것이었구나 생각하며 씁쓸히 포도 알을 입에 넣었다. 그러는 동안 탈레스를 비롯한 세 철학자는 토론을 했다.

탈레스 이미 여러 번 말했지만 나는 아르케란 바로 물, 혹은 습기라고 주장하는 바일세. 내 식대로 말하자면 세상은 물로 이루어졌다고도 할 수 있겠네. 혹은 이렇게 말해도 좋겠지. 물의 성질로 만물의 변화를 설명할 수 있다고. 물은 보통 땐 액체지만 얼리면 고체가 되고 끓이면 기체가 되지 않

는가. 만물이 고체 아니면 액체. 그도 아니면 기체로 있다는 것을 생각하면 물이 그 상태를 대표적으로 보여준다고 봐야 할걸세. 또한 물, 혹은 습기가 없으면 세상엔 살아남을 생물이 하나도 없을걸세. 그 또한 만물에 작용하는 물의 중요성을 보여준다고 해야겠지. 우리가 두 발로 딛고 있는 이 땅덩이만 해도 물에 떠 있는 거대한 원판이 아니던가. 이렇게 물은 세상이 존재하게 해주고 만물의 성질을 대표하는 중요한 것이라네. 나는 물의 성질을 좀 더 연구함으로써 우리가 더 많은 만물의 성질을 알아낼 수 있을 것이라 믿네.

　　아낙시만드로스　선생님, 우선 우리가 딛고 있는 땅덩이가 물에 떠 있는 거대한 원판이라는 말씀에 이의를 제기합니다. 만약 이 땅이 물 위에 떠 있다면 그 물은 또 무엇 위에 떠받쳐져 있습니까?

탈레스 글쎄, 그건 대답하기 어려운 문제지. 하지만 땅이 무엇인가에 떠받쳐져 있다고 생각하면 그건 물 외의 다른 것일 수는 없지 않은가.

아낙시만드로스 저는 그렇게 생각하지 않습니다. 우리가 딛고 선 땅덩이는 그 무엇에 떠받쳐지지 않고서도 떠 있을 수 있기 때문입니다. 그것은 모든 것으로부터 같은 거리에 있음으로써 가능합니다.

탈레스 어떻게 그게 가능한지 설명해보게.

아낙시만드로스 설명해보지요. 세상은 원래 분리되지 않은 한 덩어리의 물질이었습니다. 이 덩어리는 나중에 분화되는 물이나 불, 혹은 생물과 같은 모든 것의 성질을 그 안에 포함하고 있었습니다. 이것을 저는 '무한정한 것'이라고 부릅니다. 이것이 아르케입니다. 이 덩어리의 내부에는 영원히 움직이는 어떤 운동이 있는데 어느 시기에 이 운동의 작용으로 덩어리가 분화하기 시작합니다. 그리하여 차갑고 습한 것들은 중심에 모여 땅덩이며 바다를 만들게 되고, 뜨겁고 마른 것들은 이 땅덩이를 둘러싼 불꽃의 공 같은 것이 됩니다. 그게 바로 하늘이고, 해와 달이며, 별들입니다. 땅과 바다는 저 하늘로부터 공 모양으로 감싸여 있으며 그건 모든 것으로부터 동일한 거리에 있기 때문에 어디로도 떨어지지 않고 고정될 수 있는 것입니다.

탈레스 해와 달, 그리고 별들이 원형을 그리며 움직인다는 걸 생각하면 자네 말에 일리가 없지는 않네.

아낙시만드로스 그래서 저는 단순히 물이나 불, 혹은 어떤 특정한 것이 만물의 근본 요소인 아르케가 아니라 그 모든 것을 포함하고 있으나 아직 분화되지 않은 무엇인가가 바로 그것이라고 주장하는 것입니다.

아낙시메네스 두 분 선생님 말씀에 이의를 제기하고 싶지는 않습니다. 하지만 저는 두 분이 공기의 힘과 의미에 대해 너무 무시하고 계시는 것 같습니다. 물이나 불이 눈에 확연히 보이는 것에 비해 공기는 그렇지 않다는 것이 아마도 두 분 선생님의 편견과 몰이해의 원인이 아닐까 감히 생각해 봅니다. 알고 보면 우리의 영혼조차도 하나의 숨결, 즉 공기인 것입니다. 혼이 우리를 결속해주는 것처럼 바람과 공기는 세계 전체를 감싸고 있기 때문입니다. 예를 들어 여기 대롱으로 포도주를 빨아보면…….

아낙시메네스는 미리 준비해온 듯 가느다란 유리 대롱을 꺼내더니 요리와 함께 나온 포도주 주전자에 그 끝을 넣은 뒤 반대쪽 끝을 물고 빨아들였다. 그러고는 빨간 포도주가 대롱의 반쯤 올라왔을 때 입에서 떼고 얼른 손가락으로 한쪽 끝을 막았다. 그는 포도주가 든 쪽을 아래로 대롱을 세웠지만 포도주는 흘러내리지 않았다.

아낙시메네스 보시는 바와 같이 한쪽은 텅 비어 있지만 반대쪽의 막히지 않은 구멍으로 포도주가 흘러내리지 못하도록 붙잡고 있습니다. 이것이 공기의 힘입니다. 저는 이와 같은 원리로 양수기를 만들어 고향 사람들에게 도움을 주는 약간의 성과를 보이기도 했습니다만…….

'뭐야, 저건. 공기의 힘이 맞긴 하지만 정확하게 말하려면 기압의 힘 덕분 아냐. 시시하네.'

세 사람의 대화를 듣고 있던 지누는 따분해서 미칠 지경이었다. 어떤 말은 터무니없었고, 어떤 말은 좀 이상하게 표현되긴 했지만 제법 그럴듯했다. 모두 다 학교에서 배운 것들을 두고 이야기하고 있었으니까. 하지만 그게 아르케라는 것과는 어떻게 연결되는지 알 수가 없었고, 막상 설명하려고 해도 제대로 할 자신이 없었다.

'학교에서 과학 수업 좀 제대로 들어둘걸 그랬나.'

하품이 나오는 걸 억지로 참고 있는데 세 사람은 여전히 이상한 이야기들을 떠들어대고 있었다.

탈레스 모든 것은 신으로 충만하네!

아낙시만드로스 생성과 소멸은 필연적입니다. 왜냐하면 그것들은 자신들의 불의에 대한 배상과 보상을 시간의 질서에 따라 서로에게 지불하기 때문입니다.

아낙시메네스 공기가 희박해지면 불이 되고, 촘촘해지면 바람이 되고, 그다음에는 구름이 되며, 더욱더 촘촘해지면 물이, 그다음에는 흙이, 그다음에는 돌이 되는 것입니다.

이때 노예가 한 사람을 안내해오는 바람에 세 사람의 격론이 중단되었다. 새로 온 손님은 청년이었는데 세 사람 앞에 꾸벅 고개를 숙여 절하고 나서 말했다.

"저는 이름 없는 방랑자입니다만, 이 댁 앞을 지나다가 그만 흥미로운 이야기에 걸음을 옮기지 못하고 듣고 있었습니다. 말씀하시는 주제에 대해 저도 미숙하나마 생각한 게 있어서 감히 세 분의 선생님 앞에 내놓아 보이고 젊음의 치기와 무지함을 평가받아 볼까 합니다."

세 사람은 서로 얼굴을 보았다. 탈레스가 대표 격으로 말했다.

"젊음의 치기와 무지함은 또한 신선한 깨우침으로 작용할 수도 있는 법이지. 어디 한번 말해보게."

청년은 주저하지 않고 말을 시작했다.

"아르케라고 불러도 좋을지는 모르겠습니다만 만물은 원자, 즉 더 이상 자를 수 없는 것이 아닐까요? 어떤 물건도 둘로 자를 수 있습니다. 하지만 자르고 또 자르다 보면 더 이상 둘로 나눌 수 없는 것이 있을 것입니다. 그것이야말로 궁극의 원소이고 만물을 구성하는 근본 원소, 즉 아르케가 아닐까요?"

격렬한 반응이 터져나왔다. 세 사람은 '터무니없는 소리'라고 했다가 '너무 간단해서 믿을 수 없다'고도 했다가 '여기 앉아서 더 이야기를 해보세'라고 했다가 반응이 제각각이었다. 지누는 더 이상 졸음을 참을 수 없어서 그만 꾸벅꾸벅 졸다가 잠이 들고 말았다. 잠에서 깨보니 필로소피아의 등에 업혀서 배로 돌아가고 있었다.

"깼어. 그만 내려줘."

지누가 말했지만 필로소피아는 괜찮다고 했다.

"거의 다 왔습니다."

누구에게 업혀 간 건 아주 어렸을 때 이후 처음이었지만 무척 편했기 때문에 지누는 더 이상 고집부리지 않았다. 필로소피아가 그런 지누를 업고 말없이 걷다가 문득 말했다.

"믿을 수 없습니다. 제가 최초의 철학자들과 한자리에 있었다는 걸요."

식사하는 동안, 그리고 토론하는 동안 내내 조용히 있어서 무슨 생각을 하는지 몰랐는데 귀담아듣고 있었던 모양이었다. 지누가 물었다.

"다 유명한 사람들이야?"

"물론이지요. 그야말로 현자, 철학자들입니다."

그런 사람들이 철학자라면 철학자란 무척 이상한 생각들을 이상한 방식으로 하는 사람들이구나 하

고 생각하며 지누가 다시 물었다.

"마지막 사람은 누구지? 원자론

을 이야기하는 것 같은데."

필로소피아가 한참 생각하다가

말했다.

"말하는 걸 봐선 데모크리토스인데……,

그럴 리 없겠지요."

"왜?"

"탈레스보다 이백 년쯤 후에 태어난 철학자거든요."

"홋."

그 웃음에 제정신이 들었는지 필로소피아가 평소

의 말투로 말했다.

"오, 지혜로우신 주인님. 어리석은 노예를 비웃을 까닭을 갖고 계시겠군요."

지누가 말했다.

"이런 여행을 하면서 시간 차를 따질 필요가 있어?"

배가 보였다. 지누는 기지개를 켜며 길게 하품을 했다.

"오늘 들은 이야기들만으로도 머리가 어지러워. 자고 나면 잊어야 할 텐데."

필로소피아는 아무 말도 하지 않았다.

PART 3 셋째 날

헤라클레이토스의 로고스

배는 새벽에 밀레투스를 떠났다. 전날 밤 늦게까지 못 잔 지누가 밀린 잠을 보충하느라 침대에서 일어나지도 않았을 때였다. 그래서 지누가 게으른 하품을 하며 갑판에 나왔을 때 배가 향하는 곳에는 또 다른 항구가 있었다.

이미 한 번의 경험이 있어서 지누는 여기가 어딘지, 누굴 찾아왔는지 묻지 않았다. 배가 도착하면 누군가가 어떤 방식으로든 나타날 테니까. 그런데 여기 철학자는 성격이 급한 모양이었다. 배가 부두에 채 닿기도 전에 어떤 노인이 소리쳐 불렀다.

"어이, 거기! 어디서 와서 어디로 가는 밴가? 바로 출발할 수 있겠나?"

캡틴이 대답했다.

"바로 출발할 수 있습니다."

노인이 외쳤다.

"그럼 어서 빨리 배를 대지 않고 뭘 하나! 난 바쁜 사람이라네!"

성질이 무척 급한 할아버지라고 지누는 생각했다.

'게다가 자기 맘대로 하시는 분이네.'

남의 배에 타려면 먼저 태워줄 수 있느냐고 묻는 게 정상 아닌가. 그런데 자기 배라도 되는 것처럼 이래라저래라 하다니. 지누가 캡틴이었으면 안 태워줬을 것이다.

하지만 캡틴은 무슨 이유에선지 고분고분 노인의 말을 따라 배를 부두에 정박시켰다. 배와 부두를 연결하는 다리가 놓이자마자 노인이 배로 건너왔고, 그 뒤로 몇 명의 노예들이 커다랗고 길쭉한, 그러니까 관처럼

이 배는 지금 당장 출발할 수 있겠는가?

그럼요! 바로 출발 합니다!

보이는 상자를 운반해왔다.

지누가 생각한 대로 노인은 인상이 별로 좋지 않았다. 심통이라도 난 것처럼 잔뜩 찌푸린 표정이라 더 그런 것 같았다. 그보다 노인의 짐이 더 그랬다. 관처럼 생긴 상자라니. 그거 하나 올려놓고는 대부분의 노예들이 배에서 내린 걸 보면 짐은 그게 전부인 것이다. 그리고 남은 노예 한 명과.

마침 지누와 노인의 눈이 마주쳤다. 탈레스 할아버지처럼 자기소개를 할까? 천만의 말씀이었다. 노인은 신기한 녀석을 다 본다는 듯 묵묵히 지켜보기만 했다. 기분 나쁠 정도로.

지누가 먼저 인사했다.

"안녕하세요? 저는 한국에서 온 지누라고 합니다."

노인은 계속 노려보기만 할 뿐 대답도 하지 않았다. 지누는 어색해져서 딴 곳을 보다가 여전히 노인이 노려보자 무슨 말이라도 해야 할 것 같아 상자를 가리키며 물었다.

"저 안엔 뭐가 들었나요?"

노인이 반문했다.

"관에는 뭘 넣지?"

지누는 파랗게 질려서 대답도 못했다. 그러자 노인은 '흥' 하고 비웃더니 캡틴을 향해 외쳤다.

"뭘 꾸물거리고 있나! 어서 출발하지 않고! 목적지는 크로톤일세. 어딘지 알겠지?"

캡틴이 대답했다.

"물론입니다. 자, 출발!"

배는 미끄러지듯 수면을 헤치고 부두에서, 그리고 곧 항구에서 멀어졌다.

지누가 애지에게 다가가 속삭였다.

"저게 관이래. 저 속에 시체가 들어 있대."

애지가 말했다.

"케이크 상자에 시체가 들어 있으면 이상하겠지만 관에 시체가 들어 있는데 뭐가 이상해서 그러니."

"보통 시체가 아니지!"

다 듣고 있었던 모양인지 노인이 끼어들었다.

"살해된 자의 시체다. 정의의 응보를 기다리는 시체지."

애지가 말했다.

"전 먼저 이름을 말하지 않는 분하고는 말 안 해요."

노인이 안 그래도 잔뜩 찌푸린 인상을 더 찌푸렸다.

"난 여자하곤 말 안 한다."

자기도 모르게 지누는 피식 웃고 말았다. 둘 다 말을 안 한다고 했지만 방금 한 말은 말이 아닌가?

노인이 지누를 향해 고개를 홱 돌렸다. 지누는 얼른 입을 가렸다. 노인이 말했다.

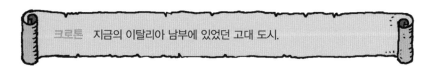

크로톤 지금의 이탈리아 남부에 있었던 고대 도시.

"난, 에페수스의 신관 헤라클레이토스다."

애지가 지누에게 말했다.

"내가 애지인 건 알지?"

헤라클레이토스라고 자신을 밝힌 노인이 말했다. 여전히 지누를 향해.

"어제 누군가 신전으로 시체를 가져왔다. 바닷가로 떠밀려왔다고 하면서. 에페수스 사람은 아니었지. 그렇다면 배를 타고 가던 외국인일 것이다. 부패하지도 않은 걸 보면 죽은 지 얼마 안 된 시체일 것이다. 그럼 이상한 일인 거야. 이곳엔 외국의 배가 자주 드나들곤 하지만 난파해서 사라진 배가 있다는 말은 최근 듣지 못했다. 그러니 결론은 하나야. 이 시체는 배에서 던져져 죽은 사람인 거다. 신탁의 결과도 그랬지. 누군가가 살해되었다면 어딘가에는 살인자가 있을 것이다. 살인자는 벌을 받아야 해. 그게 정의의 여신이 마땅히 주어야 할 응보고, 구현해야 할 정의다. 그 책임을 내가 맡았다. 신관이니까."

헤라클레이토스는 헛기침을 한 번 하고 계속 말했다.

"신탁은 또 말했다. 내일 아침 항구에 들어오는 첫 배를 타라고. 시체를 가지고 말이지."

그러고는 헤라클레이토스는 애지를 보았다. 애지는 일부러 헤

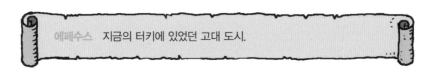

에페수스 지금의 터키에 있었던 고대 도시.

소크라테스를 구출하라

라클레이토스를 안 보려는 듯 고개를 돌려 지우에게 말했다.

"이 할아버지는 자신이 논리정연하게 추리를 하고, 설명을 했다고 생각하시나봐. 하지만 지금까지의 이야기로는 크로톤이라는 곳으로 가는 이유를 알 수 없어. 신탁에서 그렇게 하라고 했을까? 아니면 아직 덜한 이야기가 있을까?"

헤라클레이토스는 험험 헛기침을 하고는 지우에게 말했다.

"깜빡 잊고 말하지 않은 게 있다. 이게 시체의 옷에서 발견됐지. 난 이걸 보고 시체의 정체를 조금 짐작할 수 있었고, 적어도 어디에서 살인자를 찾아야 할지 알았다. 그리고 왜 살해됐는지도 추리

할 수 있었지. 어디, 한국이라는 처음 듣는 곳에서 온 여행자는 과연 나처럼 할 수 있을까?"

그가 내민 것은 양가죽으로 만든 종이였다. 물에 불은 듯 부풀고 눅눅했지만 그 위에 그려진 그림은 알아볼 수 있었다. 사각형에 대각선을 그려놓은 아주 단순한 그림이었으니까. 하지만 사각형의 각 변에 1처럼 보이는 숫자 같은 것이 적혀 있었고 대각선 옆에는 대신 알파벳 a 비슷한 것이 적혀 있었다.

지누는 그걸 애지에게 주고는 헤라클레이토스에게 물었다.

"이걸 보고 뭘 알아내신 건가요? 저는 전혀 모르겠는데요."

헤라클레이토스는 더 이상 찌푸릴 수 없을 것처럼 찌푸린 인상을 용케도 더 찌푸렸다.

"머리는 생각하라고 있는 거다. 힐끗 보고 모른다고 하지 말고 더 생각해봐."

한 번 더 모르겠다고 했다간 이 헤라클레이토스라는 노인의 얼굴이 쥐어짠 행주처럼 될까봐 지누는 열심히 생각해봤다. 사각형과 대각선, 대각선으로 잘린 두 개의 삼각형, 사각형의 길이가 모두 같은 것 같으니까 정사각형, 그걸 삼각형 둘로 나누면 정삼각형 두 개, 그게 뭐 어쨌다는 거지?

"난 알겠어."

애지가 양피지를 건네주며 말했다.

"알겠다고?"

"알겠어."

"뭔데?"

"할아버지 말씀대로 한번 생각해봐."

생각해봤다. 머리가 지끈거리도록 생각해봤다. 지누는 전혀 모르겠다고 소리치려다가 간신히 눌러 참고 애지에게 말했다.

"힌트라도 좀 줘."

헤라클레이토스가 말했다.

"저 여자애가 알 리 없지. 모르면서 안다고 거짓말하는 게 뻔한데 힌트를 어떻게 주겠느냐."

애지는 흥 소리를 내고는 말했다.

"피타고라스."

헤라클레이토스가 놀란 듯 입을 벌렸다. 애지가 맞혔나 보다. 지누가 물었다.

"피타고라스가 뭐?"

애지가 물었다.

"넌 피타고라스의 정리도 모르니?"

"몰라."

지누는 고개를 끄덕였다. 정말 모른다. 그게 뭐지?

애지는 곰곰 생각하더니 손뼉을 쳤다.

"그래, 아직 학교에서 안 배웠겠구나. 하지만 유리수와 무리수는 알지?"

그건 안다. 유리수는 정수나 분수로 나타낼 수 있는 수다. 무리수는 그게 안 되는 수다. 무리수는 루트라는 기호를 덮어씌워서

표현하는데, 그건 정수로 표현할 수 없기 때문이다. 가령 루트 2는 정수로 표현하면 1.414…… 어쩌고 하는 식으로 끝없이 이어진다.

"이걸 봐."

애지는 어디서 숯 같은 것을 꺼내더니 갑판에 그림을 그렸다.

직각삼각형을 그리고 각 변에 사각형 하나씩을 붙여놓은 그림이었다.

"여기 작은 사각형 두 개의 넓이를 더하면 이 큰 사각형과 같게 된다는 게 피타고라스의 정리야. '직각삼각형의 세 변을 a, b, c라고 하고 c가 직각을 마주 볼 때 a제곱 더하기 b제곱은 c제곱과 같다'라고도 표현하고."

무슨 소린지 알 듯 모를 듯했다. 애지는 한숨을 푹 쉬더니 다시 삼각형 하나를 그리고 각 변에 3과 4, 그리고 5라고 썼다.

"3의 제곱은 3 곱하기 3이니까 9, 4의 제곱은 4 곱하기 4니까 16, 9와 16을 더하면 25. 그럼 5 곱하기 5는?"

지누를 쳐다본다.

'건방진 계집애. 내가 구구단도 모를 줄 아나.'

지누는 속으로만 투덜대며 대답했다.

"25."

애지가 숯을 던지고 일어섰다.

"봐. 피타고라스의 정리대로잖아."

그러고 보니 그랬다. 하지만 여전히 그것과 시체가 어떻게 연결되는 건지는 알 수 없었다. 이번엔 헤라클레이토스가 숯을 들었다. 그러곤 양피지에 그려져 있던 그림과 똑같은 것을 갑판에 그렸다.

"이런 이야기를 들은 일이 있지. 오래전부터 크로톤에 많은 제자들과 함께 지내던 현자 피타고라스의 제자 중에 최근 그를 욕되게 한 사람이 있다고. 피타고라스로서는 설명할 수 없는 문제를 냄으로써 말이야. 그는 단지 이렇게 물었다는 거야. 직각을 낀 두 변이 1과 1일 때 나머지 한 변의 길이는 어떻게 되냐고."

지누는 속으로 계산해봤다. 1의 제곱은 1 곱하기 1이니까 1, 나머지 한 변도 그렇고. 두 변을 합치면 2. 제곱해서 2가 되는 수는? 루트 2잖아. 무리수다. 그런데 그게 뭐?

순간 '아' 하고 머릿속에서 반짝이는 게 있었다. 양피지의 그림은 바로 방금 헤라클레이토스가 말한 그 문제를 던져주고 있지 않은가.

"피타고라스는 물론 다른 많은 제자들도 적잖이 당황한 모양이야. 1.41에서 1.42 사이인 건 알겠는데 정확히 위치가 정해지지 않는 수가 있다는 건 '사물은 수'라고 믿은 그 사람들한테는 당황스러운 일이었을 테니까."

직각을 낀 두 변이 1과 1일 때 나머지 한 변의 길이는?

소크라테스를 구출하라

헤라클레이토스는 숯을 놓고 손을 털며 말했다.

"아마도 저 관 속에 있는 불쌍한 청년이 그 제자인 것 같구나."

그는 갑자기 찢어질 듯 하품을 하더니 눈을 비비며 말했다.

"머리 나쁜 애들하고 길게 이야기를 했더니 피곤하군. 좀 쉬어야겠다."

그러고는 선실로 들어가버렸다. 잠시 후 필로소피아가 선실 뒤쪽에서 고개를 내밀더니 누군가를 찾는 것처럼 주위를 두리번거렸다.

지누가 '뭐 하는 거냐'고 물으려 하자 필로소피아는 급히 손가락을 입술에 댔다. 아무 말도 하지 말라는 뜻이었다. 그러나 지누가 그 말대로 입을 다물자 갑자기 얼굴이 파래지더니 갑판에 무릎을 꿇고 기어와 지누의 발목을 잡았다.

"오, 주인님. 죄송합니다. 노예 주제에 감히 주인님께 명령을 내리다니. 용서해주십시오. 제발 다른 데 팔지만 마세요."

그렇게 말하는 그 목소리조차도 낮았다. 지누는 예상치 못한 일에 당황하면서도 필로소피아처럼 목소리를 낮추어 달래기 시작했다.

"괜찮아. 그럴 수 있지 뭐. 딴 데 안 팔게. 그런데 뭘 그렇게 무서워했던 거야?"

지누는 선실을 가리켰다. 물론 거기 쉬러 들어간 헤라클레이토스를 지목하는 것이다.

"저 할아버지 아는 사람이야?"

필로소피아는 조심스럽게 지누의 다리를 놓아주고는 일어났다. 고개를 연방 끄덕이면서.

"수수께끼를 내는 현자, 에페수스의 신관이자 귀족인 헤라클레이토스라는 걸 잘 알고 있습니다."

지누가 눈을 반짝였다.

"수수께끼? 수수께끼 놀이를 좋아했다는 거야?"

필로소피아가 한숨을 내쉬며 대답했다.

"그게 아니라 저분이 하신 말씀은 모두 수수께끼같이 알아들을 수 없는 것들이었기 때문에 그런 별명이 붙은 겁니다. 이를테면 이런 거지요."

필로소피아는 목을 가다듬고 말했다.

우리가 깨어 있으면서 보는 유일한 것은 죽음이다. 우리가 잠들어 있으면서 보는 유일한 것은 잠이다.

인생이란 공깃돌을 가지고 노는 어린아이다. 왕권은 어린아이에게 속한다.

지누가 어리벙벙한 표정으로 물었다.

"그게 무슨 말이야?"

"아무도 그 뜻을 모릅니다."

필로소피아가 고개를 저었다.

"가르쳐주지 않았거든요. 듣기로는 저분은 '자연은 숨기를 좋아한다'고 하셨답니다. 사물은 보이는 대로가 아니기 때문에 진실은 사물 뒤에 숨어서 잘 드러나지 않는다는 거지요. 그런 진실을 드러내는 데에는 저런 수수께끼 같아 보이는 말이 더 효과적이라고 했답니다. 그리고 이런 말도 했지요."

로고스^{logos}에 대해 듣기 전이나 들은 후나 사람들이 그것에 대해 깨닫지 못하는 것은 마찬가지다.

"로고스가 뭔데?"

필로소피아는 곤혹스런 표정을 지었다.

"이성, 혹은 법칙으로 해석될 수 있는 말인데……, 어쩌면 그게 아닐지도 모르지요."

"그게 무슨 말이야. 그거야말로 수수께끼 같잖아."

필로소피아가 애지를 힐끗 보고는 다시 지누에게 시선을 돌렸다.

"철학이 시작된 때로 왔다는 애지 아가씨의 말씀을 들은 후부터 저는 철학에 대해 다시 생각하기 시작했습니다. 제가 할 수 있는 유일한 일에 대해 사실은 그동안 하나도 모르고 있었던 게 아닌가 하고요."

필로소피아는 한숨을 내쉬었다.

"그 후로는 가능하면 외운 걸 들려드리는 게 아니라 설명을 해드리고 싶은데 하필이면 가장 어려운 분이 걸렸군요. 제가 아는 대로 설명하자면 이렇습니다. **만물은 변한다**. 변하지 않는 것은 만물이 변한다는 그 법칙뿐이다. 이것이 '로고스'라고 하는 거지요."

지누는 설명을 기다렸다. 아직 아무것도 설명한 게 없잖아. 그러나 필로소피아는 굳게 입을 다물고 눈을 내리깔고 있었다. 침울한 표정으로.

"그게 다야?"

지누의 질문에 필로소피아는 거의 울 것 같은 표정이 되었다.

"그게 답니다. 그게 제 한계예요. 그 이상은 저분에게 직접 듣는 수밖에 없을 것 같습니다."

지누는 그 표정이 너무 안쓰러워 보여서 위로해주고 싶었다. 근데 노예라고는 하지만 어른을 어떻게 위로하지? 지누는 대신 다른 이야기를 하려고 했다. 마침 물어볼 것도 있었다.

"근데 아까는 왜 그렇게 숨어 있었던 거야? 저 할아버지가 그렇게 무서운 사람이야? 퉁명스럽긴 해도 무서워 보이지는 않던데?"

"주인님에게야 그러시겠죠. 저는 다릅니다."

필로소피아는 조금 전보다 더 침울해 보였다.

"저분은 귀족이시고, 저는 노옙니다. 귀족은 언제든 노예를 벌하고 죽일 수 있습니다. 비록 저분이 그렇게 안 하신다고 해도 저는 귀족이 무섭습니다."

피타고라스의 코스모스

헤라클레이토스가 오래 푹 쉬려고 했다면 아이기스의 번개 같은 속도가 그걸 허용하지 않았을 것이다. 해가 머리 꼭대기를 지나 막 서쪽으로 기울어지기 시작할 즈음에야 배는 수평선을 따라 길게 이어진 검은 그림자를 볼 수 있는 곳까지 갔고, 그게 곧 육지라는 걸 알 수 있는 거리에 이르렀다 싶더니 '어라' 하는 사이에 해안의 절벽과 그 꼭대기의 나무, 나무 위에 앉아 있는 매의 모습을 스치듯 지나 바다로 흘러 들어오는 넓은 강의 하구로 진입해 들어갔다.

덕분에 헤라클레이토스가 잠에서 깨어나 기지개를 켜며 선실 밖으로 나왔을 때는 이미 배가 강을 거슬러 올라가 피타고라스와 그 제자들이 살고 있다는 크로톤에 도착해 있었다. 저녁 먹을 때도 안 된 시간이었다.

캡틴이 헤라클레이토스에게 말했다.

"도착했습니다. 저곳이 크로톤입니다. 노예에게 수레를 빌려오라고 했으니 거기 관을 싣고 가시면 되겠습니다."

헤라클레이토스가 어리둥절해서 물었다.

"내가 몇 날 며칠이라도 자고 있었나? 어떻게 벌써 왔지?"

캡틴이 대답했다.

"포세이돈이 삼지창을 휘둘러 일으키는 파도라면 에페수스에서 크로톤까지 단숨에 날아올 수도 있겠죠."

헤라클레이토스는 믿을 수 없다는 듯 인상을 썼지만 노예가 이미 수레를 끌고 와서 기다리는 바람에 관을 싣고 출발할 수밖에 없었다. 캡틴과 지누, 필로소피아도 함께 동행했는데, 그건 캡틴이 그렇게 하는 게 좋을 거라고 해서였다. 시작한 여행은 끝까지 함께하는 게 좋다나 뭐라나 하면서.

애지는 이번에도 동행하지 않았다. 헤라클레이토스가 보여준 행동만 봐도 알 수 있듯이 이 시대 사람들은 여자를 무시하는 풍습을 가지고 있기 때문이었다.

'애지가 얼마나 똑똑하고 무서운 앤 줄도 모르고.'

생각하는 사이에 일행은 성처럼 큰 건물 앞에 도착했다. 긴 몽둥이를 들고 문을 지키고 있던 청년들이 와서 물었다.

"어떻게 오셨소? 여기가 아무나 출입할 수 없는 곳이라는 건 잘 아시겠지?”

헤라클레이토스가 예의 찌푸린 인상을 하고 앞으로 나섰다.

“정의의 여신이 요청하고 아르테미스 여신의 신탁이 길을 이끌어 여기까지 왔노라. 저기 죽은 자의 시체가 생명이 빠져나간 그 구멍으로 복수를 요구하고 있는 것을 보라. 가라! 가서 현자 피타고라스에게 말하라! 정의가 구현되는 것을 보기 위해 에페수스의

소크라테스를 구출하라

헤라클레이토스가 왔노라고.”

　문지기들은 서로 바라보더니 몽둥이를 흔들어대며 화를 냈다.

　“어디서 미친 늙은이가 행패를 부리는 거냐! 알아듣지 못할 소리 그만두고 썩 꺼져라!”

　헤라클레이토스가 더욱 인상을 쓰며 화를 내려고 하기 전에 캡틴이 지팡이를 들고 앞으로 나섰다. 그게 신호가 된 듯 문지기들이 ‘왁’ 하고 달려들었다. 캡틴이 지팡이를 휘둘렀다. 지누는 자세히 알아볼 수도 없었다. 퍽퍽 에구에구 소리가 잠깐 나더니 서 있는 사람은 캡틴 하나뿐이고 문지기들은 모두 땅바닥에 쓰러져 어깨나 다리, 머리통을 부여잡고는 끙끙거리고 있었다.

　캡틴이 지팡이로 땅을 쿵 치며 외쳤다.

　“어르신이 말씀하신 대로 얼른 하지 못할까!”

　헤라클레이토스가 뒤이어 외쳤다.

　“에페수스의 헤라클레이토스가 왔다고 전하라니까!”

　문지기들이 간신히 일어나서, 혹은 기어서 캡틴으로부터 물러났다. 그중 한 명은 건물 안으로 뛰어 들어갔다. 잠시 후 다시 나온 그는 아까와는 달리 헤라클레이토스에게 공손하게 인사하고 말했다.

　“안으로 드시라고 합니다.”

　일행은 그 사람의 안내를 받아 안으로 들어갔다. 문을 통과하자 넓은 마당이 나왔고, 여러 채의 건물이 서 있었다. 방금 통과한 곳은 일종의 성벽이었던 것이다. 마당을 지나 커다란 집을 몇 채나 지나간 뒤에 사각형의 큰 건물 앞에 도착했을 때 일행은 그들을 기다리고 있는 몇 명의 사람들을 볼 수 있었다. 그중 가장 키가 크고 체격이 좋은 사람이 앞으로 나와서 말했다.

"저는 크로톤의 밀론이라고 합니다. 에페수스의 신관이며 대현자이신 헤라클레이토스 선생님의 명성은 익히 들어 알고 있었습니다. 미리 영접하지 못한 것을 사과드립니다."

헤라클레이토스는 귀찮다는 듯 손을 저었다. 그리고 무뚝뚝하게 말했다.

"나는 당신네 교주? 선생? 뭐라고 불러야 할지 모르겠지만 하여간 므네사르코스의 아들 피타고라스에게 용건이 있네. 어서 나오라고 하게."

밀론의 표정이 굳어졌다. 화가 난 듯한 모습이었다. 지누는 또 싸움이 벌어질까봐 가슴을 졸이고 있었다. 하지만 캡틴이 있으니까 아까처럼 무사할 거야. 아니, 아까보다 훨씬 많은 사람들을 상대로도 이길 수 있을까? 다행히도 싸움은 벌어지지 않았다. 밀론은 한 손을 들어 안으로 들어오라는 시늉을 했다.

"피타고라스 선생님은 안에서 기다리고 계십니다. 어서 들어가시죠."

헤라클레이토스가 안으로 들어갔다. 지누 일행도 따라 들어가려 하자 밀론이 인상을 썼지만 아무 말도 하지 않았다. 하지만 수레까지 들어가려 하자 앞을 막았다.

"그건 그냥 여기 두시죠."

안으로 들어갔던 헤라클레이토스가 다시 나와 말했다.

"수레는 몰라도 관은 반드시 들어와야 하네. 나와 함께 말할 사람이니까. 그 침묵의 말로."

피타고라스는 현이 하나밖에 없는 기묘하게 생긴 악기를 품에 안고, 왕의 것처럼 높은 의자에 위엄 있게 앉아 있었다. 그들은 함께 피타고라스 앞에 섰다.

"이 시체를 보시오."

관 뚜껑을 열고 그 안에 든 시체를 보여주며 헤라클레이토스가 말했다. 지누는 무서워서 눈을 감았다.

"히파수스로군. 실종된 지 여러 날 되어 우리도 찾고 있었소."

"그대가 시켜서 바다에 던진 건 아니오?"

"내가 왜 그를 살해하겠소?"

"당신의 수에 대한 지혜로는 설명할 수 없는 수를 찾아냈기 때문이지, 그렇지 않소?"

"그가 찾아낸 수를 지금까지의 지혜로 설명할 수 없는 건 맞소. 하지만 앞으로도 그럴 거라고는 어느 누구도 말할 수 없소. 나는 완전무결한 현자는 아니지만 필로소퍼, 즉 철학자요. 지혜를 사랑하고 자연의 비밀을 탐구하는 열정을 귀하게 여기는 사람 중 하나란 말이오. 히파수스가 발견한 수 역시 우리들 철학자 중 한 사람은 반드시 설명할 수 있게 될 거요. 지혜에 대한 사랑을 잃지 않는 한."

헤라클레이토스가 처음 듣는다는 듯 되물었다.

"철학자? 지혜를 사랑하는 사람?"

피타고라스가 고개를 끄덕였다.

"그렇소. 어떤 이는 재물을 구하는 일에 몰두하고, 또 어떤 이는 명예와 영광을 얻으려고 야망을 불태우기도 하오. 하지만 어떤 이는 지금 눈앞에서 벌어지고 있는 모든 것을 주의 깊게 바라보면서 이해하려고 애를 쓰오. 이것이 바로 인생이오. 어떤 이는 재물을 탐하고, 또 어떤 이는 권력과 권세를 향한 맹목적 정열에 휩싸여 있소. 그러나 이들 중 가장 현명한 이는 삶 자체의 의미와 목적을 탐구하는 사람들이오. 그리고 자연의 숨겨진 비밀을 찾아 헤매

는 사람들이오. 그들이 바로 철학자요."

헤라클레이토스가 하하 웃고는 말했다.

"자연의 숨겨진 비밀이라……, 많이 안다는 것이 분별을 가르쳐 주지는 않소. 만약 그렇다면 피타고라스, 당신에게도 분별이라는 게 조금이라도 있었을 거요."

"나에게 분별이 없다는 거요?"

"히파수스의 죽음에 책임지지 않으려 하는 게 그 증거요."

"내가 언제 책임을 지지 않겠다고 했소? 나는 그의 죽음에 대해 깊은 책임감을 느끼고 있소. 내가 시켜서 죽이지는 않았으나 결국 나로 인해 죽었음을 알기 때문이오. 책임지겠소. 반드시 살인자를 밝혀내어 그가 그 응보를 받게 함으로써 정의의 여신이 만족하도록 하겠소."

"정의의 여신과 아르테미스 여신을 두고 맹세할 수 있소?"

"그 무엇을 두고라도 맹세할 수 있소."

"그럼 됐소. 당신을 믿고 난 돌아가겠소."

"잠깐. 명성이 자자한 에페수스의 현자께서 오셨는데 그냥 돌려 보낼 순 없소. 마침 오늘 여기엔 또 다른 현자 몇 분이 방문해 계시오. 오늘 저녁 함께 향연을 즐겨보지 않으시려오?"

헤라클레이토스는 그 초대에 마음이 흔들린 것 같았다. 하긴 저녁 먹을 때가 되었으니 배도 고플 것이다.

헤라클레이토스가 말했다.

"함께하는 자가 누구인가에 달렸지."

피타고라스가 의자에서 일어나며 말했다.

"실망하시지 않을 거요."

그들이 또 다른 큰 방으로 들어가자 거기엔 이미 음식과 술이 준비되어 있었고, 한쪽에선 악사들이 음악을 연주하고 있었다. 식탁에 앉은 손님들도 여럿 있었다. 피타고라스가 그중 두 사람을 소개해주었다.

"엘레아에서 오신 현자 파르메니데스와 그 제자 제논이오. 긴 이야기는 나중에 나누고 우선 식사부터 합시다."

밀레투스의 음식과 마찬가지로 이곳의 음식도 대단히 맛이 없었다. 아니, 그냥 지누의 입맛에만 안 맞는 건지도 모른다. 다른 사람들은 모두 맛있다는 듯 우걱우걱 먹고 있으니까. 하지만 지누는 그저 마른 빵과 과일을 조금 먹었을 뿐이었다. 대신 감히 주인들과 한자리에서 음식을 먹을 수 없는 노예 신분의 필로소피아에게 음식을 줘서 구석에 웅크려 먹을 수 있도록 해주었다. 불쌍하지만 어쩔 수 없었다. 여기 사람들이 정말 그렇게 노예를 함부로 대한다면 알아서 조심할 수밖에 없었다.

식사가 끝나고 본격적으로 술을 마시는 시간이 왔다. 이곳 사람들은 정말 포도주를 많이 마셨다. 물을 타서 약하게 만들었다고는 하지만 지누로서는 냄새만 맡아도 취할 듯한 술을 물처럼 마시는

> **엘레아** 지금의 이탈리아 남부에 있었던 고대 도시. 이곳에 살던 파르메니데스를 중심으로 엘레아학파가 만들어졌다.

것이다. 그러면서 길고 종잡을 수 없는 이야기를 나누었다.

먼저 말을 꺼낸 사람은 피타고라스였다. 그는 품에 안은 악기를 퉁기며 시를 읊듯 천천히, 한마디 한마디에 확신을 실어 이야기 했다.

"낮과 밤이, 그리고 계절과 계절이 제때 오는 것을 보라. 이 모든 것은 변함없는 질서 속에 이어진다. 별은 영원하고 완전한 원형으로 움직인다. 그러므로 세계는 하나의 코스모스^{kosmos}라 불릴 수 있는 것이니, 이는 질서와 적절함, 그리고 아름다움을 말한다."

그는 잠시 쉬었다가 다시 말했다.

"세계가 하나의 코스모스인 것처럼 우리 각자도 작은 코스모스 다. 우리는 대우주의 구조적 원리를 재현하는 유기체다. 그러므로 세계의 원리를 연구함으로써 우리는 우리 안에 있는 형상과 질서 의 요소를 발전시킬 수 있다. 코스모스를 연구하는 철학자는 그 의 혼에 있어서도 코스모스를 갖추게 된다. 그리고 그 수단은 수 학이다.

이 악기를 보라. 그리고 그 음정을 들어보라. 현을 누르는 곳이 달라지면 음정도 달라지는데 한 옥타브는 2대 1의 비율에 의해 생 긴다. 제5음은 3대 2, 그리고 제4음은 4대 3의 비율에 의해서 생긴 다. 이를 구성하는 1, 2, 3, 4의 수는 합치면 10이 된다. 이 10은 완 전한 수인 것이다."

지누는 음악에 대해서는 잘 몰랐기 때문에 피타고라스가 뭐라 고 하는지 알아듣지 못했다. (나중에 애지에게 들어보니 이 피타고라스가 바로 옥타브, 즉 8음계를 만들었다는 설도 있단다.) 하지만 피타고라스가 현의 다른 곳을 만질 때마다 각각 다른 음정의 아름다운 소리가 난다는 것은 알 수 있었다.

"저 피타고라스라는 분은 저렇게 음정의 비율이 수로 표현될 수 있다는 사실에서 착안해 수로 세계를 해석할 수 있다고 생각하시는 것 같습니다. 거기서 나아가 만물이 생겨나기 전에 이미 수가 있었으며, 우주는 하나의 음계이고, 하나의 수라고 생각했다고도 합니다. 주인님."

밥을 다 먹었는지 어느새 뒤에 와서 서 있던 필로소피아가 지누의 귀에 대고 속삭인 말이었다. 무슨 뜻인지는 정확히 몰라도 피타고라스와 그 제자들이 수와 수학을 중요하게 생각한다는 정도는 알아들을 수 있었다.

피타고라스가 계속 말했다.

"개개의 사물이 지금의 그것인 이유는 물질적 요소 때문이 아니라 각 요소가 혼합되는 비율 때문이다. 한 종류의 사물이 다른 종류의 것들과 다른 이유는 이 비율이 다르기 때문이니 개개의 사물을 이해하고자 한다면 비율, 즉 그것의 구조 법칙을 알아야 한다. 물이나 바람, 흙 따위가 아니라 구조야말로 본질이며, 이 구조는 수로 표현될 수 있다. 그러므로 사물은 수다."

결국 피타고라스가 주장하고 싶었던 것은 탈레스나 아낙시만드로스 같은 사람이 주장한 것처럼 물이나 흙, 공기 같은 것들이 아니라 수로 표현될 수 있는 구조와 비율이 사물의 핵심이라는 것이었다. 피타고라스는 한없이 이어지는 자장가 같은 말을 계속 하고 있었다.

"질서는 좋은 것이다. 세계의 안녕과 그 안에 있는 모든 생물의 안녕은 그걸 구성하고 있는 요소의 바른 혼합에 달려 있다. 세계는 하모니를 이루어야 한다."

그때 헤라클레이토스가 피타고라스의 말을 끊었다. '푸하하' 하고 크게 웃는 식의 모욕적인 방법으로.

파르메니데스의 누스

"코스모스와 하모니? 질서와 조화라고? 천만에. 싸움이야말로 만물의 아버지요."

헤라클레이토스는 식탁 위에 놓여 있던 고깃덩어리를 들어 흔들며 말했다.

"이건 어제까지만 해도 살아서 매매 울던 양이었겠지. 하지만 지금은 죽은 고깃덩어리가 되어 우리의 배를 불리고 있소. 이처럼 살아 있는 모든 것은 다른 어떤 것의 파멸로 인해 사는 것이오. 인간과 양 사이에 무슨 조화가 있겠소. 대립되는 것은 조화를 이루는 게 아니라 그냥 긴장을 조절하며 균형을 이루는 것뿐이오. 인간은 양을 키우고, 적당할 때 잡아먹는 식으로. 양은 적당히 키워지다가 죽기 싫으면 산으로 도망치는 수밖에 없을 거요. 이것은 사람과 양의 투쟁 속에 만들어지는 균형이지 결코 조화가 아니오. 따라서 나는 이렇게 결론지어 말하겠소."

그는 말을 끊고 사람들을 둘러보다가 거만한 투로 말을 맺었다.

"투쟁은 그 자체로 좋은 것이니, 이는 그것이 생명의 원천이기 때문이다."

조용했다.

아무도 말을 하지 않았다. 갑자기 말이 끊긴(지누는 피타고라스의 졸린 이야기들을 더 듣게 되지 않아서 다행이라고 생각했지만) 피타고라스의 분노가 방 안을 가득 메우고 있어서 어떤 사람은 싸늘하게, 어떤 사람은 뜨겁게 만들고 있었기 때문이다. 결국 그 침묵을 피타고라스가 깼다.

"다 말씀하셨소? 다른 말씀은 하실 게 없고?"

헤라클레이토스는 훗 하고 웃더니 '물론 있소' 하고는 말했다.

"세계는 영원히 살아 있는 불,

적절히 타고 적절히 꺼지는 불이다."

또다시 조용해졌다.

이번에도 헤라클레이토스가 뭔가 더 말할 거라고 생각하기 때문이었다. 그런데 헤라클레이토스는 술만 마실 뿐 더 이상 말하지 않았다. 피타고라스가 물었다.

"그게 끝이오?"

"뭐가 더 필요하시오?"

"왜 세계가 불인지 말하지 않았잖소."

"들으면 그냥 알아야지 그걸 일일이 설명해야겠소?"

그 말은 '너 바보냐'라는 뜻을 담고 있는 게 명백해서 다시 한 번 방 안을 싸늘하게, 대신 피타고라스는 뜨겁게 만들었다. 그러나 피타고라스가 화낼 기회를 주지 않고 헤라클레이토스가 먼저 말했다.

"듣고도 이해하지 못하니 귀머거리 같은 자들이군. 하는 수 없이 힌트를 하나 더 주지."

듣고 있는 모든 이에게 엄청난 모욕을 던지고 나서 그는 아랑곳하지 않고 자기 할 말만 했다.

"모든 것은 나아가고 아무것도 제자리에 머무르지 않는다. 같은 강물에 두 번 들어갈 수 없는 것처럼."

그러곤 입을 다물었다. 하지만 이번에는 조용하지 않았다. 헤라클레이토스가 그랬던 것처럼 누군가가 '푸하하' 하고 크게 웃었던 것이다. 아까 소개받은 손님, 파르메니데스였다. 그는 이글이글 불

타는 듯한 눈을 하고 일어나 헤라클레이토스를 손짓하며 말했다.

"에페수스의 헤라클레이토스, 당신 이야기를 들은 적 있소. 같은 강물에 두 번 들어갈 수 없다고? 물론 강물은 끊임없이 흐르지. 방금 나를 스쳐간 그 강물이 조금 전에 나를 스쳐간 그 강물은 아닌 게 맞소. 하지만 그럼에도 불구하고 그 강에 흐르는 물은 전체로서 하나의 강물이기도 하오. 그러니 같은 강물에 두 번 들어갈 수 있다고 해도 틀린 말은 아니지."

헤라클레이토스가 뭐라고 말하려 했지만 파르메니데스는 말할 틈을 주지 않았다.

"당신이 뭔가 있는 것처럼 신비하게 한마디씩 툭툭 던지며 사람을 괴롭히는 취미가 있다는 걸 전부터 들어 알고 있었소. 불 이야기도 그중 하나였고, 방금 말한 강물 이야기도 그렇지. 당신이 강물 이야기를 통해서 주장한 대로 만물은 흐른다, 끊임없이 변화한다는 이야기 때문에 어떤 일이 일어났는지 아시오?"

그러면서 파르메니데스는 이런 일화를 전했다.

어떤 사람이 빚을 졌는데 갚을 길이 없었다. 그런데 그는 헤라클레이토스의 철학을 조금 아는 사람이었기 때문에 빌려준 사람이 오자 이렇게 말했다.

"나는 어제의 내가 아니오. 당신에게 돈을 빌린 사람과 오늘의 나는 다른 사람이오. 얼굴도 조금 달라졌고, 살도 조금 붙었고……."

돈 받으러 왔던 사람이 그 순간 주먹을 휘둘러 빚진 사람을 때

　　　　　　　　　　　　　　소크라테스를 구출하라

려눕혔다. 겨우 일어나서 항의하자 그는 말했다.

"방금 당신을 때린 나와 지금의 나는 다른 사람이오. 만물은 흐르고, 흘러가고 있으니까."

이야기를 듣고 사람들이 크게 웃었다. 특히 피타고라스는 박수까지 치며 즐거워했다. 그러나 파르메니데스의 다음 말을 듣고는 표정이 굳어버렸다. 파르메니데스가 이렇게 말했던 것이다.

"무엇보다 만물이 끊임없이 변화한다는 것은 있을 수 없는 이야기요. 왜냐하면 세상에는 존재만 있을 뿐 변화는 없으니까. 생성도, 소멸도 없소. 운동도 없소. 세계는 그저 완전한 하나의 덩어리로 있는 것이오."

피타고라스가 물었다.

"하나의 덩어리?"

파르메니데스가 고개를 끄덕였다.

"나누어질 수도 없고, 더 많거나 적게 있지도 않은 연속적인 전체."

피타고라스는 한숨을 내쉬었다.

"맙소사, 더한 사람이 여기 있었군. 현인이라 불러야 할지 미치광이라 불러야 할지 모르겠구나."

그는 자기 자리에 깊숙이 물러앉았는데, 그건 이 자리에서 무슨 말이 오가든 이제 참견하지 않겠다는 뜻으로 보였다. 헤라클레이토스에 대한 분노도 가라앉은 모양이었다. 대신 헤라클레이토스가 나섰다.

"설명해보시오."

파르메니데스는 피식 웃었다.

"들으면 그냥 알아야 한다고 하지 않으셨소? 하지만 나는 당신과는 다르니 친절하게 설명해드리겠소."

필로소피아가 비로소 기회를 얻어 지누의 귀에 대고 속삭였다.

"아까 소개받은 대로 엘레아 출신의 파르메니데스라는 철학자입니다. 저분은 진리는 감각이 아니라 지성, 즉 사고 능력으로 찾아야 한다. 왜냐하면 감각은 사람을 자주 속이니까. 그리고 그렇게 찾은 진리는 감각과는 아무리 달라 보여도 옳다고 믿을 수밖에 없다고 믿고 계신다고 들었습니다. 그래서 찾아낸 진리가 지금 말씀하시는 이야기들이죠. 세계는 한 덩어리다. 운동도, 변화도 없다 등등."

파르메니데스는 느긋하게 술을 한 잔 마시고는 말을 시작했다.

"변화란 무엇이오? 어떤 것이 어떤 것이었다가 그게 아닌 것으로 된다는 게 아니겠소. 그건 즉 어떤 것이 있다가 없어진다는 뜻이고, 없다가 있게 된다는 뜻 아니오. 그런 일이 어떻게 가능하겠소. 있는 것만 있고 없는 것은 없는데 말이오."

지누의 눈이 핑핑 돌기 시작했다. 지금까지 들어본 어떤 말보다도 이해하기 어려웠다. 어려운 단어 같은 건 하나도 안 사용하는데 이렇게 알쏭달쏭한 말은 처음이었다.

파르메니데스가 계속 말했다.

"좀 더 쉽게 설명해주겠소. 없다라는 건 결국 있지 않다라는 것 아니오? 하지만 있지 않은 것은 말할 수도 없고 생각할 수도 없는 것이라오. 있지 않은 것이 어떻게 있겠소. 있는 것만 있을 뿐이지. 그러니 즉 있지 않은 것은 있지 않다는 거요. 여기까지는 쉽지요?"

쉽기는 뭐가 쉬워. 지누는 '손' 하고 들고는 따져묻고 싶었다.

그런데 뭐라고 따져물어야 하지? 그걸 헤라클레이토스가 대신해줬다.

"그럼 당신과 내가 다른 건 어떻게 설명하겠소? 여기 이 물병과 내가 다른 건?"

그는 물병을 바닥에 던져 깨고는 말했다.

"방금 물병은 바닥까지 이동했소. 이래도 운동이 없소? 조금 전 있었던 물병이 지금은 있지 않게 됐소. 이래도 소멸이 없소? 저기 남은 건 한때 물병이었던 것의 조각일 뿐이오. 물병이었던 것이 조각이 된 것이지. 이래도 변화가 없소?"

바로 지누가 하고 싶었던 말 그대로였다. 하지만 파르메니데스는 태연했다.

"모두 다 착각일 뿐이오."

"착각?"

"우리의 눈이 만들어낸 착각일 뿐이라는 거요. 운동, 혹은 이동이라는 게 대표적인 착각이오. 무언가가 움직이려면 방해받지 않는 공간이 있어야 하오. 공간. 아무것도 없는 장소라는 거지. 그게 어떻게 가능하겠소. 없는 것이 어떻게 있을 수 있단 말이오. 그러니 그건 눈이 만들어낸 착각일 뿐이오. 유일하게 진리를 밝혀낼 수 있는 수단은 누스^{nous}, 즉 지성뿐이오. 당신에게도 달려 있는 그 머리로 하는 생각 말이오. 아무리 믿어지지 않아도 생각해봤더니 그럴 수밖에 없다면 그건 믿어야 하오."

조용히 듣고만 있던 손님들 중 하나가 손을 들고 이렇게 말했다.

"저기요, 없는 것은 있는 것만큼이나 있다고 말할 수도 있지 않을까요? 가령 다른 것이 움직일 수 있도록 통과시켜주는 무엇이랄까, 그런 거요."

지누는 눈을 깜박였다. 어디서 본 사람 같았다. 어? 어제 탈레스 할아버지네 집에 들어왔던 사람이네. 이름 없는 여행자라고 했던…….

그러나 지누만 그에게 시선을 줄 뿐 방 안의 아무도 귀담아듣지 않고 있는 것 같았다. 사람들의 눈과 귀는 파르메니데스와 헤라클레이토스에게만 향하고 있었다. 둘은 여전히 싸우고 있었다. 아니, 논쟁을 벌이고 있었다.

"눈이란 불완전한 증인이기는 하지."

헤라클레이토스가 중얼거렸다.

"하지만 눈이 귀보다는 좋은 증인이라는 것 역시 사실이오. 방금 당신은 이렇게 말했소. 당신에게도 달려 있는 머리라고. 그 말로 결국 당신은 당신의 머리와는 다른 내 머리가 여기 이렇게 있다는 걸 시인한 셈이오. 우린 한 덩어리가 아니라는 것이지. 결국 다름이 있고, 변화가 있고, 생성과 소멸, 운동도 있소."

이번엔 파르메니데스가 쉽게 대답하지 못하고 우물거리기만 했다. 그때 제자인 제논이라는 청년이 나섰다.

"논변에 능하신 모양인데 제가 낸 문제를 풀어보시겠습니까? 운동도 변화도 불가능하다는 증거가 되는 문제들입니다. 우선 첫 번째 문제를 내죠. 달리기를 잘하기로 소문난 아킬레우스라도 먼저 출발한 거북이를 따라잡을 순 없습니다. 왜냐하면⋯⋯."

헤라클레이토스가 코웃음을 치며 말했다.

"내가 그따위 문제를 풀 이유가 어디 있나. 헛소리를 듣고 있을 이유도 없지. 난 그만 가겠네."

말도 끝나기 전에 그는 일어섰다. 그러고는 지누와 캡틴을 향해 말했다.

"뭐하나. 얼른 일어나지 않고!"

함께 여행을 시작했으니 함께 끝내야 한다. 지누와 캡틴, 그리고 필로소피아는 빈 수레를 끌고 배로 돌아왔다. 그리고 수레를 돌려준 후 바로 항해에 나서서 밤사이에 헤라클레이토스를 에페수스로 실어다 주고 다시 항해를 떠났다.

필로소피아는 헤라클레이토스와 헤어지게 된 걸 가장 기뻐하는 사람이었다. 지누는 그게 어쩐지 측은해서 필로소피아에게 다가가 말했다.

"걱정 마, 내가 지켜줄게."

의아해서 바라보는 필로소피아 앞에서 지누는 자신의 작은 가슴을 두드려 보이며 말을 이었다.

"귀족 아니라 왕이라고 해도 내 것은 못 뺏어가. 아저씨는 내 것이잖아. 내가 지켜주는 게 당연하지."

스스로도 좀 오버하는 것 같았지만 필로소피아를 안심시켜주는 데는 충분했을 거라고 생각하며 필로소피아를 바라본 지누는 조금 놀랐다. 감격에 겨운 표정을 하고 있는 게 아니라 침울한 표정을 짓고 있었던 것이다. 울지도, 찌푸리지도 않았지만 바윗덩어리처럼 굳은 그 얼굴에는 깊은 슬픔이 깃들어 있었다.

필로소피아가 말했다.

"그렇지요. 저는 주인님 소유니까요. 전 한낱 노예니까요. 안녕

히 주무십시오, 주인님. 시키실 일 없으면 저는 그만 가보도록 하
겠습니다."

그리고 그는 배 뒤쪽으로 가버렸다.

지누는 그의 뒷모습을 보면서 아무 말도 못했다. 대신 애지가 지
누를 겨냥해서 한마디 했다.

"바보."

PART 4 넷째 날

모험 1

소피스트 올림픽

셋째 날의 모험은 지누에게 악몽과도 같은 것이었다. 관에 들었다고는 하지만 시체와 한 배를 타고 가야 했다. 게다가 알아듣지 못할 이야기도 머리가 터지도록 많이 들었다. 특히 막판에는 필로소피아에게 깊은 상처를 준 것 같았다. 정확히 어떤 상처를 줬는지는 알 수 없었지만. 그걸 애지가 풀어서 말해줬다. 지누에게도 똑같은 상처를 주려는 듯 또박또박.

"필로소피아는 말야, 자신이 노예라는 사실 때문에 마음을 꽁꽁 걸어 잠그고 있었잖아. 자기가 책이라고 하면서 진짜 이름도 말해 주지 않고. 그런데 우리랑 여행하면서 조금씩 마음을 열어가고 있었지. 물론 대개는 내 덕분이고, 쪼금은 네 덕분이지."

소크라테스를 구출하라

애지는 손톱 끝을 조금 내밀었다. 얼마나 조금인지 강조하려는 듯이. 지누가 버럭 화를 내려고 했지만 애지는 그럴 틈을 주지 않고 말을 이었다.

"우리 앞에서 점점 더 노예같이 행동하지 않게 됐잖아. 외워서 읊던 철학 이야기도 이제는 설명을 붙여서, 제법 해석까지 덧붙여서 하게 됐고. 조금만 더 하면 저 아저씨는 노예라는 생각을 잊게 될지도 몰랐어. 원래 있던 곳이 아니라 아무도 그가 노예라는 사실을 모르는 이곳에서 자유롭게 살아갈 수도 있었겠지. 물론 주인인 네가 풀어준다면 말이지만."

다시 한 번 지누를 놀리려는 듯 애지는 살짝 혀를 내밀며 메롱메롱 했다.

"풀어줄 거야!"

더 이상 말할 틈을 주지 않고 지누가 외쳤다.

"원하는 곳에 어디로든 데려가서 풀어줄 거라고!"

더듬거리며 지누는 말을 맺었다.

"아저씨가 원한다면 말이지."

그때 지누는 필로소피아가 그들을 바라보며 서 있는 걸 발견했다. 언제부터 듣고 있었을까, 어떻게 생각하고 있을까.

필로소피아는 아무 얘기도 못 들은 것처럼 다가와서는 절을 꾸벅하고 말했다.

"아침 식사 준비됐습니다, 주인님."

그는 말할 틈을 주지 않고 돌아서서 걸어갔다. 지누는 그 뒤를

터덜터덜 뒤따르며 그가 단단히 화났구나 생각했다. 하지만 그렇지 않았다. 갑자기 필로소피아가 걸음을 멈추었다. 그러곤 뒤돌아서서 웃었다. 지누에게 보여주는 웃음이었다.

"고맙습니다. 노예가 된 이후 절 인간으로, 동등한 사람으로 대우해준 건 주인님뿐입니다."

지누도 환하게 웃었다.

"방금 우리 얘기 들었죠? 그럼 풀어줄 테니까 어디로든 가고 싶은 곳에 가서 살래요?"

필로소피아는 서글픈 미소를 지었다. 그러고는 가슴팍을 풀어헤치고 상처를 보여주었다. 노예의 낙인이 찍힌 상처였다.

"이 낙인이 있으면 어딜 가도 전 노예일 뿐입니다. 주인님이 절 풀어주시면 또 다른 누군가가 절 잡아다가 주인이 되거나 노예시장에 끌고 가 또 다른 주인에게 팔겠죠.

초점 없는 동태 눈알

소크라테스를 구출하라

한번 노예가 되면 더 이상 보통 사람과 같아질 수가 없는 겁니다.”

가슴팍의 낙인을 보자 지누는 더 이상 아무 말도 할 수 없었다. 아직은 어린 그가 충분히 이해할 수 없는 어떤 아픔이 전해져왔기 때문에.

필로소피아는 고개를 꾸벅하고 말했다.

“그래도 말씀만은 감사합니다.”

밥을 먹으면서도 우울한 분위기는 가시지 않았다. 그 자리에 지누와 애지 단둘이 있고 필로소피아는 밖으로 나갔어도 그랬다.

문득 지누가 중얼거렸다.

“이젠 좀 재미있는 걸 보고 싶어.”

혼잣말로 한 것인데 웬일로 애지가 말을 붙였다.

“올림픽 보러 갈까?”

“올림픽? 올림픽이 열려?”

애지가 고개를 끄덕였다.

“마침 거기로 가는 중이야.”

그렇지. 지누는 기대에 차서 생각했다. 올림픽이야말로 그리스에서 시작되어 전 세계로 퍼져나간 축제 아닌가. 그런 축제의 탄생지에 와서, 마침 올림픽이 열린다는데 구경도 못하고 돌아가면 평생 후회하게 될 것이다. 지누는 필로소피아로부터 전염된 우울증을 순식간에 떨쳐버렸다.

“정말 다행이야.”

“그럴까?”

애지는 조그맣게 중얼거리며 알 수 없는 미소를 지었지만 지누는 흥분하느라 그걸 못 보고 말았다. 덕분에 올림픽이 열리는 장소에 도착해서는 이렇게 소리를 지를 수밖에 없었다.

"이게 뭐야!"

장소는 올림픽이 열린다는 올림포스 산의 경기장이 아니라 어느 도시의 작은 야외무대, 관객은 한가한 듯 모여든 몇백 명의 아저씨들과 소년들뿐이었다.

'이런 데서 멋진 경기가 가능할 리 없잖아. 좁아서 야구도 못 할 테고, 아니, 이 시대엔 야구가 없었지. 그렇다고 축구도 안 되고……, 레슬링이나 복싱은 가능할지도 모르겠군.'

그런데 출전선수들이 입장하자 지누는 다시 한 번 외칠 수밖에 없었다.

"이게 뭐야!"

운동선수 같아 보이는 사람은 없고 모두 수염 기른 아저씨, 아니면 할아버지였던 것이다. 게다가 대부분 운동은 안 하고 공부만 했는지 비리비리 허약해 보이는 말라깽이거나 뚱보였다. 저런 사람들이 레슬링을 할 리도 없고 복싱을 할 리도 없다.

"소피스트 올림픽이야."

"응?"

> **올림포스 산** 지금의 그리스 북부에 있는 높이 2,917미터의 산. 그리스 신화에서는 이 산 정상에 열두 신이 있었다고 한다.

소크라테스를 구출하라

"소피스트 올림픽. 누가 가장 뛰어난 소피스트냐를 겨루는 자리라는 거지."

애지는 '풋' 하고 웃고는 물었다.

"소피스트가 뭔지 알아?"

"궤⋯⋯ 뭐더라⋯⋯."

지누는 언젠가 듣긴 했지만 외우기는 어려웠던 그 단어를 기억해내려고 애썼다. 기억났다.

"아, 궤변론자! 궤변론자들이잖아. 궤변을 늘어놓는 사람들. 즉 말도 안 되는 말을 하는 사람들."

"뭐, 그렇게 볼 수도 있겠지. 저 사람이 하는 말만 들어봐도 그런 것 같지?"

한 노인이 사람들 앞에 나서서 이렇게 말하고 있었다.

"인간은 만물의 척도요. 존재하는 것에 대해서는 존재하는 것의, 존재하지 않는 것에 대해서는 존재하지 않는 것의 척도라는 것이오. 어떤 사람에겐 지금 불어오는 이 바람이 차갑게 느껴질 수 있소. 또 어떤 사람에겐 따뜻하게 느껴질 수도 있소. 누가 옳고 누가 그르겠소. 두 사람 다 옳은 것이오. 차갑게 느꼈으면 그건 차가운 바람인 것이고, 따뜻하게 느꼈으면 그건 따뜻한 바람이오. 적어도 그에게 그건 진실이니까 말이오. 그러므로 지식은 각 개인에게 상대적인 것이오."

함께 왔지만 여태 말이 없던 필로소피아가 지누의 귀에 대고 속삭였다.

"프로타고라스라는 소피스트입니다. 방금 한 '인간은 만물의 척도'라는 말로 유명하죠. 보는 사람에 따라 진리는 다를 수 있다고 해석할 수 있겠네요."

노인이 계속 말하고 있었다.

"그건 국가와 법률, 문화에 대해서도 마찬가지라고 말할 수 있소. 이집트는 파라오가 다스리오. 여기 아테네는 시민이 곧 권력이지. 다른 도시는 참주가, 혹은 귀족들이 다스리오. 그중 어느 게 옳다고 할 수 있겠소?"

듣고 있던 사람들 중에서 누군가 외쳤다.

"아테네에선 아테네의 법이 최고지!"

'맞아, 맞아' 하는 소리가 여기저기서 나왔다. 노인이 고개를 끄덕였다.

"그렇소. 각각의 사회에서 태어난 사람들은 그 사회의 법률과 체제에 순응하며 살아가는 게 유일하게 옳은 것이오. 하지만 다른 사회에 대고 이곳의 방식을 강요해선 안 될 것이오. 그들에겐 그들의 척도가 있으니까."

또다시 누군가 외쳤다.

"각자가 다 옳다면 당신이 가르쳐줄 수 있는 게 뭐요?"

파라오 고대 이집트 왕의 호칭.
참주 고대 그리스의 도시국가에서 비합법적으로 독재 정권을 만들어 지배자가 된 사람. 그리스어로는 티라노스(tyrannos)라고 한다.

소크라테스를 구출하라

"대화의 기술이오. 그리고 날카로운 논리와 변론술이지. 원한다면 당신네의 법과 지혜들도 가르쳐줄 수 있소."

필로소피아가 다시 속삭였다.

"소피스트는 원래 '지혜를 찾는 자'라는 뜻입니다. 그게 나중에 궤변론자라는 뜻으로 변해버렸지만 원래는 돌아다니며 지혜를 가르쳐주는 선생님들이죠. 주로 저 프로타고라스처럼 변론술을 가르쳤습니다."

지누가 물었다.

"그건 배워서 뭐 하게?"

"정치를 하는 데 필요합니다. 의견이 다른 사람들을 설득해야 하니까요. 그리고 재판을 하는 데도 필요합니다. 아테네에선 사람들 앞에서 고소당한 사람과 고소한 사람이 각자 자기 의견을 밝혀서 사람들을 설득한 쪽이 승리했다고 합니다."

지누는 필로소피아를 바라보았다.

"아깐 우울한 것 같더니?"

필로소피아가 잠깐 당황한 듯한 모습을 보이더니 어깨를 으쓱하며 말했다.

"우울해한다고 소용 있겠습니까. 지금 할 수 있는 걸 열심히 하는 수밖에요."

무대 위엔 또 다른 노인이 올라와 있었다. 그런데 이 노인이 하는 말은 프로타고라스보다 더 괴상했다.

"나는 일찍이 다음과 같은 세 가지 사실을 증명한 바 있소. 첫째,

아무것도 존재하지 않는다는 것. 둘째, 혹시 어떤 것이 존재한다고 해도 그걸 알 수 없다는 것. 마지막으로 설령 우리가 그걸 알아낸 다고 해도 남에게 전할 수 없다는 것. 이상이오."

필로소피아가 노인의 이름을 알려줬다.

"고르기아스라는 사람입니다."

누군가가 노인에게 물었다.

"그래서 그게 어쨌다는 거요?"

노인은 무뚝뚝하게 말했다.

"진리는 존재하지 않는다는 거요."

또 다른 이가 조금 전 사람과 똑같은 질문을 했다.

"그래서 그게 어쨌다는 거요?"

사람들이 웃었다. 여기 사람들은 소피스트들을 존경스런 선생 님들로 모신다기보다 놀림거리로 삼고 있는 것 같았다. 하지만 노 인은 여전히 무뚝뚝하게 말했다.

"그러니 존재하지 않는 진리를 찾으려고 애쓸 것 없이 당장 배 워서 쓸모 있는 것들에나 관심을 기울이라는 거요. 변론술 같은 것 말이오. 배우려면 내게 배우라는 거고."

누군가가 손을 들고 물었다.

"과연 진리가 존재하지 않는 걸까요?"

고르기아스가 그쪽을 향해 시선을 돌리며 뭐라고 말하려다가 눈살을 찌푸렸다.

"또 당신인가, 소크라테스."

　사람들 틈에서 작고 땅딸하고 못생긴 노인이 걸어나왔다. 지누의 눈이 반짝였다.

　"드디어 만났다!"

　필로소피아가 눈을 가늘게 뜨고 소크라테스를 관찰하더니 고개를 끄덕였다.

　"안짱다리에 대머리, 못생긴 얼굴……, 기록된 그대로인 걸 보면 소크라테스가 맞나 봅니다."

　"소크라테스가 그렇게 못생겼단 말야?"

　과연 지누가 보기에도 그랬다. 하지만 그 못생긴 얼굴에는 웃음기가 가득하고 눈은 어린아이처럼 빛나고 있어서 인상이 나쁘진 않았다. 그동안 만난 철학자들은 다 화난 것처럼, 아니면 슬픈 것처럼 인상을 찌푸리고 다니지 않았던가. 한데 소크라테스는 안 그런 것 같았다. 하지만 프로타고라스와 고르기아스는 물론 대기하고 있던 소피스트들은 소크라테스를 보자 모두 인상을 찌푸렸다. 마치 원수라도 만났다는 듯이.

고르기아스가 물었다.

"자네는 지금 재판 받을 준비만으로도 바쁠 텐데 여긴 웬일로 왔나?"

소크라테스는 손으로 이마의 땀을 닦으며 말했다.

"지혜로운 분들의 이야기를 듣기 위해서라면 내일 죽더라도 와야지요."

프로타고라스가 냉소하며 말했다.

"그럼 더 듣지 왜 이야기 중간에 뛰어나온 겐가."

소크라테스는 프로타고라스에게 머리를 숙여 보이고는 말했다.

"제가 그냥 듣기보다는 모르는 것을 여쭈어가며 대화하는 방식을 좋아한다는 걸 잘 아시잖습니까. 버릇이 그렇게 들고 보니 이젠 어쩔 수가 없군요."

"자네의 그런 대화 방식에 맞춰가며 이야기할 순 없다고 이미 말한 적이 있지. 그럼 많이 배우고 가게나."

프로타고라스는 무대를 떠나버렸다. 소크라테스는 소피스트 한 사람을 쫓아 무대 아래로 내려갔고, 무대 위에는 이제 다른 소피스트가 나서서 자기 자랑을 하고 있었다.

"덕이란 곧 능력이오. 뭐든 할 수 있는 능력이란 말이오. 내 옷을 보시오. 내가 직접 만들었소. 내 신발을 보시오. 이것 역시 직접 만들었소. 내 손의 반지 하나까지 내가 직접 만들었소. 물론 내가 옷이나 구두 만들기를 가르쳐주겠다는 것은 아니오. 이것은 내 능력을 증명하기 위한 것뿐이오. 전문영역이 아닌 일에도 이런 능력을 보여줄 수 있다면 전문영역에서는 얼마나 뛰어나겠냐 말이오."

필로소피아가 말했다.

"히피아스라는 자입니다. 뭐든 할 수 있다고 자랑하며 자신의 재주를 팔려고 했다죠."

또 다른 소피스트가 무대에 등장했다.

"정의란 약한 이에 의해 추구되는 것이고, 따라서 인간을 더욱 약하게 하오. 인간은 정의를 추구할 것이 아니라 자기 자신의 이익을 추구해야 하는데, 그건 강자의 이익이 바로 정의이기 때문이오. 힘이 곧 정의라는 말이오."

"트라시마코스라는 소피스트입니다."

필로소피아는 등장하는 소피스트들의 이름을 말해주긴 했지만 그들보다는 무대 아래의 소크라테스에게 관심이 많은 것 같았다. 유심히 그쪽을 바라보며 귀를 기울이고 있다가 지누에게 속삭였다.

"소크라테스의 대화법을 산파술이라고 합니다. 산파술이란 원래는 애를 낳는 걸 도와주는 산파들의 기술을 말하는 겁니다만 소크라테스는 자기가 진리를 낳는 것을 돕는다고 해서 자기 기술

소크라테스를 구출하라

도 산파술이라고 했답니다. 그런데 이게 익숙하지 않은 사람에겐 충분히 짜증스러울 법한 대화 방식이지요. 꼬치꼬치 캐묻고 결국 '난 아무것도 아는 게 없다'고 항복하게 하니까요. 지혜롭다고 자부하고 있는 사람들에겐 정말 불쾌한 일이죠. 지금 그걸 사용하고 있는 것 같습니다."

그 말에 지누가 소크라테스와 젊은 소피스트의 대화에 귀를 기울였다.

"내가 당신에게 청하는 것은 세상에 존재하는 수많은 경건한 행동들 중 한두 가지를 말해달라는 것이 아니오. 나는 그 모든 경건한 행동들을 경건하게 만들어주는 것이 무엇인지 알고 싶은 것이오."

소피스트가 말했다.

"신들을 기쁘게 해주는 것이 경건한 행동이오."

"동일한 행동이 어떤 신은 기쁘게 하지만 다른 신은 기쁘지 않게 할 수도 있지 않겠소?"

"모든 신이 사랑하는 것이 경건이며, 모든 신이 싫어하는 것이 불경이오."

"그럼 도대체 신들은 어떤 행동이 경건하기 때문에 그 행동을 사랑하는 것인지, 아니면 신들이 그것을 사랑하기 때문에 그 행동이 경건한 것인지 말해주시오."

소피스트는 거기서부터 대답을 못하고 우물거리기 시작했다. 소크라테스가 말했다.

"당신은 경건과 불경이 무엇인지 정확히 알지 못하고 있는 것 같구려."

"갑자기 바쁜 일이 생각나서 가야겠소."

소피스트는 허둥지둥 떠나버렸다. 무대 위의 소피스트들도 어느새 하나씩 둘씩 줄어들어 모두 사라지고 없었다. 이제 구경할 게 없어져 심심해진 구경꾼들이 소크라테스를 향해 외쳤다.

"당신이 소피스트 올림픽의 우승자구려! 월계관을 받으시오!"

또 다른 사람이 외쳤다.

"이제 다음 경기장으로 옮기시오! 재판을 받으러 갈 때요!"

소크라테스는 씁쓸하게 웃더니 걸음을 옮기기 시작했다. 구경꾼들이 무리를 이루어 소크라테스의 뒤를 따랐다. 지누와 애지, 필로소피아도 멀찌감치 떨어져서 그 뒤를 따라갔다. 필로소피아가 말했다.

"아리스토텔레스는 소크라테스가 '귀납적 논증과 보편적 정의를 자신의 공적으로 내놓을 수 있을 것'이라고 말했습니다. 방금 한 이야기만 듣고는 잘 이해할 수 없겠지만 각각의 경건한 행동들을 경건하게 만들어주는 경건함 그 자체를 찾는 과정이 바로 귀납적

아리스토텔레스 고대 그리스의 철학자. 원래는 마케도니아 출신이었지만 아테네로 와 플라톤의 학원에서 수업함으로써 그의 제자가 되었다. 스승 플라톤과 달리 현실주의적 철학을 하였으며 알렉산드로스 대왕을 가르치기도 했다. 제자들에게 강의한 기록들이 전해지는데 《정치학》《형이상학》《시학》 등이 있다.

소크라테스를 구출하라

논증이라는 것입니다. 그걸 통해서 소크라테스는 정의, 덕, 지혜 등등의 보편적인 정의를 내리려고 했다는 것이죠."

"그런데 재판은 왜 받는 거야?"

"누군가가 소크라테스를 고발했기 때문이죠. 신들을 믿지 않고, 청년들을 타락시켰다는 두 가지 죄목으로 사형시켜야 한다고 했답니다."

지누의 눈이 동그래졌다. 청년들을 타락시켰다는 건 무슨 일인지 모르겠지만 신들을 믿지 않는다고 사형을 시켜?

"정말 그랬나? 그리고 그게 그토록 중한 죄야?"

"글쎄요……."

필로소피아는 말끝을 흐렸다.

"가끔 사람들은 그보다 더 어처구니없는 일로도 죽임을 당하기도 합니다. 하지만 이곳 아테네의 재판법은 꽤나 공정한 편입니다. 거기에 희망을 걸어볼 수도 있겠지요."

아테네의 시민 오백 명 앞에서 고소한 쪽과 고소당한 쪽이 변론을 펼친 후 시민들의 투표로 유무죄를 결정한다는 것이다.

"소크라테스를 싫어하는 시민이 이백오십 명을 넘지 않기만을 바랄 뿐이죠."

하지만 필로소피아는 이미 재판의 결과를 알고 있었다. 소크라테스를 탈출시킨다는 것이 얼마나 힘든 일인지도. 자신의 목숨을 구해준 이 어린 주인의 임무는 아무래도 실패할 것 같았다.

소크라테스의 변론

"오오, 아테네 사람들이여. 저를 고소한 사람들의 말을 지금 들으시고 여러분이 어떻게 느끼셨는지 저는 알지 못합니다. 그러나 그들의 말을 듣고 있노라니 저는 하마터면 저 자신이 누군지를 잊어버릴 뻔했습니다. 그만큼 그들의 말은 그럴듯했습니다. 그러나 참된 것은 거의 한마디도 말하지 않았다고 해도 과언이 아닐 것입니다.

그들은 거짓말을 많이 했습니다만 그중에서도 저로서는 가장 어처구니없는 것이 있습니다. 그것은 그들이 여러분에게 '조심하시오. 그렇지 않으면 저 사람에게 속을 것이오'라고, 마치 제가 대단한 변론가인 양 말한 것입니다. 제가 이야기를 시작하면 대단한

변론가가 아니라는 게 금방 밝혀질 것이니 바로 그들의 거짓말이
드러날 것입니다."

지누는 아테네 재판소의 구석에 웅크리고 앉아 소크라테스가
자기 자신을 변호하는 것을 듣고 있었다. 재판소는 방이 아니라
탁 트인 야외에 있었고, 판결을 내린다는 오백 명의 시민들뿐 아
니라 소피스트 올림픽에서부터 따라온 구경꾼들도 있었기 때문에
지누 일행은 별다른 주목을 받지 않고 재판 과정을 볼 수 있었다.

소크라테스의 말과는 달리 고소한 사람들의 말이 지누에게는
그리 그럴듯하게 들리지 않았는데, 그건 역시 신들을 믿지 않는다
는 이유로 사형에 처해야 한다는 것을 납득할 수 없었기 때문이었
다. 게다가 청년들을 타락시켰다는 것도 구체적으로 누굴 어떻게
타락시켰는지 설명하지 않았다. 그런데 시민들은 이 부분에서 많
이들 동조하는 듯했다. 뭔가 그들끼리 알고 있는 게 있는 모양이
었다.

필로소피아가 살짝 설명한 바로는 소크라테스와 친한 사람들이
며 제자들 중 몇몇이 크게 잘못해서 사형당하거나 외국으로 도망
간 경우가 있단다. 그 책임을 소크라테스가 져야 한다는 뜻일까?
이것 역시 지누로서는 납득하기 어려운 일이었다.

하여간 이제 소크라테스가 스스로를 변호하기 시작했으니 들어
볼 일이었다. 신들을 안 믿는다고? 믿는다고 하면 될 것 아닌가. 청
년들을 타락시켰다는 것에 대해서는 잘 모르겠지만. 그런데 소크
라테스는 변호와는 상관없는 이상한 이야기를 하고 있었다.

"자, 여러분은 제 친구 카이레폰을 알고 계실 겁니다. 그가 하루는 델포이에 가서 감히 다음과 같은 것으로 신탁을 받으려 했습니다 —여기에 대해 말씀드릴 때, 여러분, 제 말을 듣고 떠들지 마시기 바랍니다— 즉 그는 저보다 지혜로운 사람이 있느냐고 물었던 것입니다. 여기에 대해 무녀는 하나도 없다고 대답한 것입니다.

그 신탁의 말씀을 듣고 저는 '도대체 신은 무슨 말씀을 하시려는 것일까? 도대체 그것은 무슨 수수께끼일까? 나는 내가 크건 작건 지혜로운 자가 아니라는 것을 알고 있는데 내가 제일 지혜로운 자라니. 도대체 신은 무슨 말씀을 하시려는 걸까?' 그래서 저는 오랫동안 신의 말씀이 무슨 뜻인지 궁리한 끝에 이렇게 하기로 했습니다."

소크라테스의 말에 따르면 그는 자기보다 더 지혜로운 사람을 찾아내서 신탁을 반박하려고 했다는 것이다. 그래서 세상에 지혜로운 자라고 소문난 사람들을 찾아가 대화를 나누었는데 그 사람들이 소문과는 달리 그다지 지혜로운 것 같지 않았다고 한다.

"그래서 저는 그에게 당신은 지혜로운 자라고 생각하고 있지만 그렇지 않다고 분명히 알게 하려고 힘썼습니다. 그 결과 저는 그 사람에게도, 또 그 자리에 있던 다른 많은 사람들에게도 미움을 받게 된 것입니다. 하지만 저는 거기서 돌아오면서 마음속으로 이렇게 생각했습니다. '이 사람보다는 내가 더 지혜롭다. 왜냐하면 이 사람이나 나나 좋고 아름다운 것에 대해서 아무것도 모르는 것 같은데 이 사람은 모르면서도 알고 있다고 생각하고 있지만 나는 모르고, 또 모른다고 생각하고 있기 때문이다.'"

시민들 사이에서 웅성거리는 소리가 들려왔다. 하지만 소크라테스는 개의치 않고 계속 말하고 있었다.

"그 후 저는 좀 더 지혜가 있다고 여겨지는 다른 사람을 찾아갔습니다만 똑같은 생각을 하게 되었습니다. 그리고 거기서도 그 사람과 거기 있던 다른 많은 사람들의 미움을 사게 되었습니다."

그 뒤로도 소크라테스가 지혜를 확인하기 위해 찾아간 사람들의 이야기가 길게 이어졌다. 지누는 이래서는 안 된다고 생각하면서도 속으로 키득거렸다. 결국 소크라테스는 자신이 지혜롭다고 생각하는 사람들을 일일이 찾아다니며 그렇지 않다는 걸 증명하고, 결국 항복을 받아냄으로써 많은 사람들에게 미움을 받게 되었다는 이야기로 들렸던 것이다. 청년들을 타락시켰다는 것도 그 과정에서 소크라테스가 하는 행동과 말을 재미있게 여긴 청년들이 그의 흉내를 내기 시작해서 나온 이야기라고 소크라테스는 말하고 있었다.

게다가 소크라테스는 그걸 말리기는커녕 그 청년들과도 즐거이 대화를 해서 참된 지혜를 찾는 일을 함께했다는 것이다.

"만약 여러분이 '오오, 소크라테스. 이제 너를 석방하겠다. 단, 한 가지 조건이 있다. 이제부터는 지금까지 해온 것 같은 탐구나 철학 하는 일을 그만두어야 한다. 여전히 그런 일을 하다가 잡히면 그때는 사형에 처할 것이다'라고 말하고 저를 석방한다 해도 저는 여전히 그 일을 할 것입니다. 숨을 쉬는 한, 또 힘이 미치는 한, 지혜를 사랑하고 여러분에게 권고하고 누구를 만나든 제 생각을 말하기를 그치지 않을 것입니다.

오오, 훌륭한 사람들이여, 그대들은 지혜와 힘이 가장 뛰어나고 명성이 드높은 나라인 아테네의 국민으로서 어떻게 하면 더 많은 돈을 자기 것으로 만들까 하는 데에만 머리를 쓰고, 또 평판이나 지위에 대해 그토록 마음을 쓰면서 사려나 진리에 대해, 또 정신을 가장 훌륭하게 하는 데에는 생각도 않고 염려도 하지 않으니 부끄럽지 않습니까?"

소크라테스의 변론은 그렇게 끝났다. 소크라테스는 신을 믿는다는 것을 증명하려고 애쓰지 않았고 청년을 타락시켰다는 것을 부정하려고 변론하지도 않았다. 그는 사람들에게 자신의 무지를 자각할 것, 그리고 참된 지혜를 찾아 애쓰라고 줄곧 자신의 철학을 주장하는 데 더 힘을 기울였다.

배심원들의 투표가 끝났다. 결과는 280대 220으로 유죄였다.

필로소피아의 설명에 따르면, 아테네의 재판에서는 유죄가 확정된 죄인의 경우 자신이 받을 처벌의 방식을 제안할 수 있다고 한다. 벌금 액수나 추방 등을 스스로 제안함으로써 사형을 면하는 것이다. 보통은 거액의 벌금을 제안하는데, 소크라테스는 비록 가난해도 부자 친구들이 많아서 충분히 그럴 수 있을 것이다.

하지만 그렇게 말하는 필로소피아의 표정이 너무나 우울해서 지누는 소크라테스가 그렇게 하지 않았다는 것을 알게 되었다.

"그럼 어떤 처벌을 제안한 거야?"

"직접 보세요."

필로소피아는 여전히 우울한 표정으로 그렇게 말했다.

"오오, 아테네 사람들이여, 떠들지 마시고, 제 말을 방해하지 마시고 들어주세요. 들으시면 여러분에게 유익한 점도 있으리라 생각합니다. 저는 이제부터 말할 것이 또 있는데, 그것을 들으면 아마 여러분은 고함을 지를 것입니다만 제발 그러지 말아주세요. 그건 이런 겁니다. 저는 신이 여러분께 내린 선물이므로 만일 여러분이 저를 죽인다면 여러분은 저를 해쳤다기보다는 오히려 여러분 스스로를 해친 게 된다는 것입니다. 쉽사리 저와 같은 사람을 다시 찾지 못할 것이기 때문입니다."

소크라테스가 고함을 지르지 말라고 미리 부탁했지만 소용없었다. 엄청난 비난의 목소리들이 시민들로부터 터져나왔다. 하지만 소크라테스는 계속 말했다.

"저는 신이 이 나라에 달라붙게 한 등에 같은 자입니다. 마치 몸집이 크고 혈통은 좋지만 그 큰 몸집 때문에 좀 둔한 말을 깨어 있게 하려면 등에가 필요한 것처럼 말입니다. 여러분을 깨우되, 하루 종일 어디든 따라가서 곁에 달라붙어 설득하고 비난하기를 그치지 않게 한 것이 제가 아닌가 합니다. 그러므로 여러분이 제 말을 믿는다면 여러분은 저를 아낄 것입니다. 하지만 여러분은 지금 잠들다가 깨어난 사람처럼 화를 내고, 저를 때리고, 죽이려 하는 것이지요."

다시 비난의 함성이 일었다. 배심원들이 지금 듣고 싶어 하는 것

은 꾸중이나 훈계가 아니라 사형 대신 무엇을 제시하겠느냐는 것

이었다. 소크라테스는 처음엔 자신이 신의 선물로서 활동한 것에

대해 받을 합당한 벌은 올림픽에서 우승해 나라의 명예를 떨친 선

수들이 받는 정도의 보상이라고 생각하지만, 주변의 충고에 따라

은화 서른 개를 벌금으로 내겠다는 것으로 제안을 마쳤다.

이제 소크라테스의 제안과 고소한 이들의 사형 구형 중 하나를

선택하는 투표가 있었다. 이번에는 격차가 더 커져 360대 140표

로 사형이 결정되었다. 겨우 은화 서른 개만 내겠다고 한 것이 아

테네 시민들을 화나게 한 모양이었다. 결국 소크라테스는 사형당

하게 되었다.

소크라테스를 구출하라

많은 사람들이 재판소에서 빠져나갔다. 하지만 아직도 많은 사람들이 남아 있었는데 그건 소크라테스에게 재판소에서 마지막 말을 할 시간이 주어졌기 때문이었다.

"오오, 아테네 사람들이여, 이 짧은 시간으로 해서 여러분은 이 나라에 대해 나쁘게 말하려는 사람들에게 현명한 사람 소크라테스를 죽였다는 악명을 얻고 비난을 받을 것입니다. 제가 현명하지 않아도, 여러분을 비난하려는 사람들은 저를 현명한 사람이라 할 테니까요.

어떤 분은 제게 왜 다른 사람들이 하는 것처럼 울부짖고 슬퍼하며, 또 무슨 소리라도 해서 무죄를 주장하지 않았느냐고 묻습니다. 그러나 저는 위험하다고 해서 비루한 일을 해서는 안 된다고 생각했습니다. 지금도 아까처럼 변론한 것을 후회하지 않습니다. 남들처럼 변론하고서 사느니보다는 이와 같이 변론하고 죽는 것이 훨씬 낫습니다. 왜냐하면 재판에 있어서나 전쟁의 경우에나 무슨 짓을 해서라도 죽지만 않으려고 궁리해서는 안 되기 때문입니다."

남은 사람들은 조용히 그의 말을 듣고 있었다. 한쪽에선 나직한 울음소리가 들려오기도 했다. 아마도 남아 있는 사람들은 소크라테스를 좋아하는 사람들인 듯했다. 지누도 숙연한 마음으로 소크라테스의 말을 들었다. 한편으로는 저 소크라테스를 구출해내는 것이 이번에 받은 미션이라는 것을 또렷이 알게 되었다. 하지만 대체 무슨 수로?

"저는 저를 유죄로 심판한 사람들이나 고소한 사람들에 대해 조금도 화를 낼 생각이 없습니다. 그러나 여러분께 한 가지 부탁합니다. 제 자식들이 성장하여 어른이 되거든, 제가 여러분을 괴롭힌 것과 같은 일로 저들을 괴롭혀서 복수를 해주세요. 즉 저들이 덕보다는 돈이나 그 밖의 다른 것에 먼저 머리를 쓴다고 생각되거든, 또 아무것도 아닌데 무엇이 되기라도 한 것처럼 생각하거든, 제가 여러분에게 한 것처럼 마음을 써야 할 일에는 마음을 쓰지 않고, 아무것도 아니면서 잘난 줄 알고 있다고 꾸짖어주세요. 여러분이 이렇게 해주시면 저 자신이나 제 자식들은 여러분에게 옳은 대접을 받은 것이 되겠습니다."

소크라테스는 잠시 침묵하다가 말했다.

"떠날 때가 되었습니다. 저는 죽기 위하여, 여러분은 살기 위하여. 그러나 우리 중 어느 쪽이 더 좋은 곳으로 가는지는 신만이 아실 것입니다."

소크라테스를 구출하라

"그대들이 찾는 것은 멀리 있지 않지만 그대들은 먼 여행을 하게 되리라. 바다의 끝, 세상의 저편을 돌아 섬과 협곡을 헤매게 되리라. 가야 할 곳은 가깝지만 먼 시간을 항해해서야 가게 되리라. 그리고 그곳에서 소크라테스를 구해야 하리라. 돌아가는 길은 그로 하여 생기게 될 것이므로. 기억해야 할 두 이름은 아테나와 아테네."

지누는 처음 이 세계로 와서 받은 신탁을 외워 말했다. 집으로 돌아가는 유일한 단서가 바로 저것이니 외우지 않을 수 없었다.

신탁대로 지누와 그 일행은 먼 여행을 했다. 그리고 결국 소크라테스를 찾았다. 하지만 지금 소크라테스는 사형 선고를 받고 감옥에 갇혔다.

"어떻게 하지?"

"구해야지."

애지가 짧게 말했다. 지누는 기가 막혀서 애지를 바라보았다.

"그게 그렇게 간단하냐?"

"간단하지 않을 게 뭐 있어."

"어떻게 간단한데?"

애지가 저만치 산 중턱에 있는 건물을 가리켰다. 소크라테스가 갇혀 있는 감옥이었다. 황혼이 내려앉는 산 위에는 커다란 신전이 있고 산 아래에는 사람들이 사는 집이 있었다. 감옥은 그 사이에 있었다.

"밤이 되어 어두워지면 가서 경비병들을 때려눕히고 소크라테스를 구해내는 거야."

"너나 내가 무슨 수로 경비병들을 때려눕혀?"

"캡틴이 있잖아."

지누는 '아' 하고 캡틴을 바라보았다. 캡틴은 싸움을 무척 잘한다. 그건 피타고라스를 찾아갔을 때 이미 확인한 일이었다. 캡틴이라면 경비병이 몇 명이라도 해치울 수 있을 것이다. 그 말이 맞다는 듯 캡틴이 고개를 끄덕였다.

"우선 밤이 올 때까지 그 근처에 숨어 있기로 하자."

캡틴이 앞장서서 산으로 올라갔다. 산 정상에 있는 신전은 지누도 들어본 일이 있을 정도로 유명한 파르테논 신전이었다. 그곳까지 가는 길은 많은 사람들이 오가고 있었기 때문에 지누 일행은 특별히 주목받지 않았다.

하지만 감옥으로 가려면 중간에 옆으로 빠져서 건물도, 사람도 없는 곳을 한참 가야 한다. 그래서 지누와 일행은 신전 구경을 하는 것처럼 신전에서 어슬렁거리다가 날이 어두워지자 산을 내려와 감옥으로 가는 길로 접어들었다.

"모두 조용히!"

캡틴이 갑자기 신호를 보냈다. 모두 걸음을 멈추었다. 캡틴이 어둠 속을 한참 바라보다가 나직이 말했다.

"앞에 가는 사람이 있다."

지누는 한참 쳐다보았지만 앞에 있는 캡틴의 모습도 겨우 확인할 수 있을 정도로 어두웠기 때문에 아무것도 보지 못했다. 하지만 캡틴이 있다면 있는 거겠지.

캡틴이 다시 말했다.

"아무래도 우리와 목적지가 같은 것 같다. 천천히 따라가보자."

그들은 다시 걸음을 옮겼다. 한참 후 캡틴이 조그맣게 '쉿' 소리를 내며 앉았다. 지누도 따라 앉았다. 저만치 앞에서 횃불의 불꽃이 일렁이고 있었다. 감옥이었다. 문간에는 세 사람이 서 있었다. 두 사람은 이쪽을 보고 있었는데 허리에 칼을 차고 손에는 창을

파르테논 신전 그리스 아테네에 있는 신전. 아테네인들이 아테네의 수호 여신인 아테나에게 바친 것이다. 지금도 남아 있어서 도리스 건축 양식의 극치를 보여주고 있다.

쥐고 있는 것으로 보아 경비병들인 듯했다. 이쪽으로 등을 보이고 있는 사람, 즉 지누 일행이 미행한 사람이 뭔가 번쩍이는 것을 꺼내 경비병들에게 건넸다. 그러자 경비병들이 감옥 문을 열어주고는 문 앞을 떠나 어둠 속으로 사라져버렸다.

지누가 속삭였다.

"어떻게 된 거죠?"

캡틴이 대답했다.

"우리보다 선수 친 사람이 있는 모양이다."

"선수 쳐요?"

"어떤 사람이 우리보다 먼저 소크라테스를 탈옥시키기 위해서 경비병들을 매수했다는 말이다."

매수라니. 뇌물을 줘서 문을 열게 했단 말인가. 하긴 그쪽이 폭력보다 조금 나은 것 같기도 하다. 어쨌거나 다치는 사람이 없으니 좋은 일이지. 하지만 이제 어쩌나?

"가보자."

애지가 지누의 손을 잡고 일어섰다.

"문도 열려 있으니까 잘됐네."

애지는 지누가 거부할 틈도 주지 않고 감옥으로 가더니 주저 없이 안으로 들어갔다. 저만치에서 불빛이 비쳐오고 말하는 소리가 들려왔다. 애지가 입술에 손가락을 대며 '쉿' 하고는 그 소리에 귀를 기울였다. 지누도, 그리고 어느새 따라온 필로소피아도 그렇게 했다.

크리톤   여보게, 소크라테스. 제발 내 말을 듣고 지금도 늦지 않으니 자네 목숨을 건지도록 해주게. 자네가 죽으면 나는 두 번 다시 얻을 수 없는 친구를 잃게 될뿐더러, 우리를 잘 모르는 사람들은 내가 돈만 쓰면 자네 목숨을 구했을 텐데 그냥 내버려두었다고 생각할 것일세. 그런데 친구보다 돈을 더 소중히 여겼다고 생각되는 것보다 더 부끄러운 일이 있을까? 대다수의 사람들은 우리가 열심히 원했지만 자네 자신이 이곳을 떠나려 하지 않았다고는 절대로 믿지 않을걸세.

소크라테스   오오, 행복한 크리톤, 어째서 우리가 대다수의 사람들이 생각하는 것을 염려해야 하나? 우리가 염려해야 할 것은 가장 훌륭한 사람들의 생각인데, 그들은 무슨 일이나 행해진 대로 볼걸세.

크리톤   지금 자네를 구하기 위해서 많은 사람들이 돈을 내고, 나중에 비난받을 위험을 무릅쓰겠다고 하고 있네. 심지어 외국에서도 큰 돈을 가지고 온 친구들이 있다네. 자넬 위해서라면 누구든 아낌없이 돈을 쓸걸세. 그러곤 외국으로 가는 거지. 자네가 편하고 자유로이 지낼 곳은 얼마든지 있다네.

소크라테스   사랑하는 크리톤, 자네의 열의는 매우 고마워. 만일 그것이 옳은 것이기만 하면 말이야. 그렇지 않으면 열의가 클수록 더욱 위험하지. 그러니 우리는 자네가 제의한 것이 옳은가에 대해 잘 검토해봐야 하네. 나는 내가 스스로 잘 생각해보고 가장 이치에 맞는다고 생각되는 결론만 따

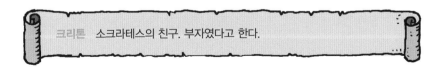

크리톤   소크라테스의 친구. 부자였다고 한다.

르는 성미 아닌가. 그러니 지금과 같은 처지에 빠졌다고 해서 그러지 않을 수 없지. 자, 이제 여기서 탈옥하는 게 옳은 일인지 한번 생각해보세.

크리톤 자네 말이 옳네. 오오, 소크라테스, 그러면 우린 어떻게 하면 되지?

소크라테스 좋은 친구여. 함께 생각해보세. 그리고 만일 내 말에 반대할 수 있거든 반대해주게. 그러면 나는 자네 말을 따르겠네.

크리톤 그러겠네.

소크라테스 이렇게 생각해보게. 내가 이제 막 여기서 탈주하여 도망치려 하고 있을 때, 나라의 법률과 국민의 공동체가 나타나서 다음과 같이 말한다고 말일세. "말해보게. 오오, 소크라테스. 너는 무슨 일을 하려는 건가? 네가 하려는 일은, 우리의 법률과 나라 전체를 멋대로 파괴하는 것임을 너는 모르는가? 너는 한 나라에서 한번 내려진 판결이 아무 효력이 없어지고 개인으로 하여금 전복되기를 바라는가?" 여기에 대해서 나는 뭐라고 말할까? "그거야 나라가 나를 부정했고, 올바른 판결을 내리지 않은 때문이오" 라고 말할까?

크리톤 물론 그렇게 말해야지.

소크라테스 그럼 국법이 다음과 같이 응수하면 어떻게 할까? "오오, 소크라테스. 그런 것까지 우리와 너 사이에 합의를 보았단 말인가? 오히려 나라가 내린 판결은 무엇이든 충실히 지키기로 되어 있지 않았던가? 아테네 사람들 누구나 성인이 되면 우리의 관습과 법률을 보고서 만일 우리가 마음에 들지 않으면 자기의 모든 소유물을 가지고 어디든 자기가 가고 싶은 곳으로 가도 좋다는 것을 알고 있겠지. 우리 국법의 어느 하나도 그렇게 하려는 사람을 막는 일은 없어. 그러나 만일 누구든지 우리가 어떤 모양으로 재판하며 또 그 밖의 나랏일을 처리하는가를 보고서 여기에 머물러 산다고 하면 우리가 명하는 것은 무엇이나 그가 행하기로 동의했다고 주장하네." 오오, 크리톤. 여기에 대해 뭐라고 말해야 할까? 동의해야 하지 않을까?

크리톤 그럴 수밖에 없겠지.

소크라테스 "너는 칠십 년 동안 이 나라와 법률에 불만을 제기하지 않고 살아왔다. 뿐만 아니라 이번 재판에서도 너는 국외 추방을 제안할 수 있었어. 그런데 그땐 사형을 받아도 괜찮다고 당당하게 말하고 일부러 국외 추방보다도 사형을 택했던 거야. 그런데 이제 와서 너는 그때 말한 것엔 아랑곳없이 염치없게 우리 국법을 무시하고 탈주하려 함으로써 국법을 파괴하려 하고 있는 거야. 그것은 국법 아래 네가 살기로 한 동의와 약속을 어기는 거지. 말해보게. 이게 진실인가 아닌가?" 뭐라고 대답해야 할까?

크리톤 진실이라고 해야겠지.

소크라테스 "그러니 지금 네가 세상을 떠난다면 너는 우리 국법에 의해서가 아니라 인간들에 의하여 누명을 쓰고 떠나는 거야. 그러나 만일 네가 우리와 약속하고 합의한 것들을 저버리고, 네가 조금도 해를 끼쳐서는 안 되는 너 자신과 네 친구들과 네 나라와 우리에게 해를 끼치고 도망간다고 하면 살아 있는 너에게 우리의 노여움은 계속될 것이요, 또 저세상에서는 우리의 형제인 하데스의 법률도 너에게 호의를 가지고 맞아들이지 않을 것일세. 네가 할 수 있는 데까지 우리를 파괴하려 한 것을 그들이 알고 있으니까. 그러니 크리톤의 말을 듣지 말고 우리의 말을 듣게." 자, 크리톤, 어떻게 해야 할까? 더 할 말이 있거든 하게.

크리톤 오오, 소크라테스, 난 할 말이 없네.

소크라테스 그러면 내 생각대로 하세. 신이 우리를 이렇게 인도하고 있
으니까.

크리톤이 나오고 있었다. 애지와 지누, 필로소피아는 얼른 감옥
을 나가 캡틴이 기다리는 곳으로 돌아와 숨었다. 크리톤이 한숨을
내쉬며 무거운 걸음으로 그들 옆을 지나 멀리 사라지자 지누도 한
숨을 내쉬었다.

"할아버지처럼 웬 한숨?"

애지가 얄밉게도 콕 찍어서 질문을 했다. 지누는 울까 화를 낼까
하다가 그냥 털어놓았다.

"한숨 안 쉬게 생겼니? 임무를 실패하게 생겼는데."

"왜 임무를 실패해?"

"경비병들을 해치우고 들어가도, 아, 이젠 경비병도 없지만. 하
여간 탈옥시키려 해도 소크라테스 할아버지가 안 나올 테니까 그
렇지."

"아까 하던 말 들어보니까 그럴 것 같긴 하더라."

"그러니까 임무 실패잖아! 싫다는데 어떻게 데리고 나와?"

"강제로 납치하면?"

"우리가 무슨 납치단이냐!"

지누는 그만 웃어버렸다. 애지도 빙긋 미소를 지었다. 하지만 문
제는 여전히 남아 있었다. 지누는 감옥 문 옆에서 흐릿하게 빛나

는 횃불을 바라보며 우울하게 중얼거렸다.

"소크라테스는 결국 사형당하는 거야?"

말릴 방법도 없고, 말려서도 안 된다는 것이 지누를 무척이나 우울하게 했다. 애지가 옆구리를 찌르며 말했다.

"그래서 그냥 포기할 거야? 아무것도 안 해보고?"

갑자기 옆구리를 찔리고 기분 좋을 사람은 없다. 지누도 그랬다. 여자애만 아니었으면 때려줬겠지만 그런 행동을 눌러 참고 잔뜩 화난 목소리로 지누는 말했다.

"할 게 없잖아! 방법이 없다고!"

"왜 없어! 안 되면 붙잡고 사정이라도 해보지 않고. 넌 구경만 했지 아무것도 하지 않았잖아."

"안 된다고 하는 걸 봤잖아. 그런데 또 뭘⋯⋯."

말하다 말고 지누는 주먹을 불끈 쥐고 벌떡 일어났다.

"그래, 네 말대로 울며불며 사정이라도 해보겠어. 여기까지 와서 말도 안 해보고 갈 순 없지."

지누는 성큼성큼 걸어서 감옥 속으로 사라졌다.

"혼자 보내도 될까요?"

필로소피아가 걱정스럽게 말했다. 애지가 대답했다.

"걱정되면 가보든지요."

필로소피아는 잠시 망설이더니 지누의 뒤를 따라 감옥으로 향했다. 진짜로 지누가 울며불며 사정을 했는지 감옥 속에는 지누가 눈물이 그렁그렁한 채 소크라테스와 함께 앉아 있었다. 소크라테

스는 영문을 모르겠다는 듯 지누를 달래주고 있었고.

소크라테스가 노예 청년 필로소피아를 보고 물었다.

"자넨 누군가?"

필로소피아가 대답했다.

소크라테스를 구출하라

"그분의 노예입니다."

소크라테스가 물었다.

"이름은?"

필로소피아는 입술을 씹으며 잠시 망설이다가 소크라테스의 시선을 못 견디고 불쑥 말했다.

"외람되지만 선생님 성함과 같습니다. 저도 소크라테스입니다."

지누가 눈물 젖은 눈을 비비며 필로소피아를 보았다. 소크라테스? 필로소피아가 소크라테스? 그게 본명이었나?

소크라테스는 아무렇지도 않다는 듯 말했다.

"흔한 이름이니 뭐. 그보다 자네 주인은 어디서 온 건가? 왜 날 못 데리고 나가서 울기까지 하는 거지? 내 친구들도 많이 와서 그러긴 했지만 자네 주인은 처음 보는데 왜 날 위해 울기까지 하는 걸까?"

이젠 소크라테스라고 불러야 할 필로소피아가 대답했다.

"선생님을 존경하는 마음에서 그러는 듯합니다."

"존경이라……."

소크라테스는 지누를 바로 앉게 하고 말했다.

"좋은 주제군. 이제 날이 밝으면 내 친구들이 모일 테고, 날 죽일 독약도 오겠지. 하지만 아직 시간은 많아. 지누라고 했나? 우리 이제 존경이란 무엇인가를 가지고 대화를 해보는 게 어떨까?"

지누는 눈물을 닦고 되물었다.

"존경이오?"

소크라테스가 고개를 끄덕였다.

"그래, 존경. 존경이란 무엇인가. 존경스러운 일, 존경스러운 사람, 존경스러운 능력, 존경스러운 행위, 그리고 이 모든 존경스러운 것들에 공통되는 존경이란 과연 무엇인가. 마지막으로……."

그는 지누를 지그시 바라보며 물었다.

"존경스러운 사람을 위해 해야 할 일은 무엇인가?"

지누의 머릿속이 하얗게 비었다. 말로만 듣던, 아니 아침에 보았던 소위 그 소크라테스식 대화법, 즉 산파술의 희생물이 되고 있다는 걸 눈치챈 것이다.

소크라테스는 대답을 기다렸다.

"그게 뭘까. 어렵다면 가까운 예부터 시작하지. 자네가 날 존경한다면 내게 탈출을 권하는 것이 옳은 일일까, 아닐까. 존경하는 사람에게 법을 어기고 악을 행하기를 권하는 것이 존경의 정의에 맞는 일인가, 아닌가. 대답해보게."

지누는 용기를 내어 말했다.

"하지만 이건 악법이잖아요. 악법도 법이라고 하셨다는 건 알지만 전 그렇게 생각 안 해요."

"잠깐!"

소크라테스가 말을 끊었다. 곤혹스러운 표정으로.

"내가 악법도 법이라고 말했다고? 언제? 난 그런 적 없는데."

지누도 곤혹스러워했다.

"아까…… 말씀하시지 않으셨나요? 그…… 크리톤이라는 친구분께요. 죄송해요. 엿들었어요."

소크라테스는 사과하는 지누에게 손을 저어 보였다.

"아까 그 대화를 들었다면 이야기가 쉽겠군. 난 그런 말 한 일 없네. 다시 기억을 되살려보게. 만약 그렇게 들었다면 자네가 잘못 들은 거야. 난 그렇게 생각하지 않거든."

소크라테스 역시 기억을 되살리려는 듯 잠시 눈을 감고 있다가 말했다.

"날 사형시키는 이 법은 내가 동의했고, 여태까지 지켜온 법일세. 그게 악법일 수는 없지. 난 법이 정한 정당한 절차에 의해, 또 아테네 시민들의 판단에 의해 사형에 처해지는 걸세."

지누가 외쳤다.

"하지만 그 판단이 아주 불공평했잖아요."

소크라테스는 웃었다.

"그럼 내가 공평한 판단에 의해 죽었으면 좋겠나?"

지누의 말꼬리가 잦아들었다.

"그, 그런가요……."

소크라테스가 눈을 떠 지누를 바라보며 말했다.

"말이 나온 김에 우리 아침이 올 때까지 공평함이란 무엇인가를 주제로 대화해보는 건 어떤가?"

그는 눈을 반짝이고 있었다.

"대화란 정말 즐거운 것이지. 진리를 찾아가는 대화는 더욱 그렇고. 비록 그 결과가 우리의 무지를 확인하는 것으로 끝난다 해도 말일세."

그때 어느새 들어온 애지가 지누에게 속삭였다.

"그만 나가야 해. 경비병이 돌아오고 있어."

소크라테스가 즐겁다는 듯 애지를 보며 말했다.

"오, 여자도 있었군."

그때 필로소피아가 나서서 무릎을 꿇고 말했다.

"선생님도 여자와 노예는 인간이 아니라고 생각하십니까?"

갑작스러운 질문에 당황한 듯하던 소크라테스가 반문했다.

"내 아내 크산티페는 여자라네. 우리 사이엔 아이도 몇 있다네. 여자가 인간이 아니라면 어떻게 내가 그럴 수 있었겠나."

"그럼 노예는요?"

소크라테스가 잠시 침묵하다가 대답했다.

"우리 아테네가 여자와 노예를 시민으로 생각하지 않고 있는 건 사실일세. 하지만 그건 외국인에 대해서도 마찬가질세. 게다가 한 번 노예가 됐다고 해서 다시 시민이 되지 못하는 건 아냐. 전쟁에 지면 언제든 노예가 될 수 있으니까. 그가 훌륭한 인간이라면 노예의 신분이 되었다고 해서 그가 지닌 훌륭함까지 무시되어서는 안 되지 않겠나."

소크라테스가 갑자기 박수를 짝 치고는 말했다.

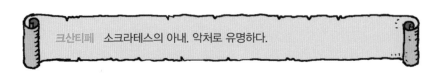

크산티페 소크라테스의 아내. 악처로 유명하다.

소크라테스를 구출하라

"훌륭함이란 무엇인가 하는 거야말로 정말 훌륭한 대화거리지. 자, 훌륭함이란 무엇일까?"

"저희는 그만 가볼게요, 선생님."

애지가 생글거리며 말했다.

"더 있고 싶지만 경비병들이 오거든요."

그녀는 더 시간 끌지 않고 지누와 필로소피아의 팔을 하나씩 잡고는 감옥 밖으로 끌어냈다. 그리고 아슬아슬하게 경비병의 도착 직전 어둠 속으로 숨어들 수 있었다. 벌써 새벽이 밝아오고 있었다.

집으로 돌아오기

아테네가 내려다보이는 산 위에 서서 캡틴과 지누, 애지, 그리고 이제 소크라테스가 된 필로소피아는 새벽을 맞이하고 있었다.

지누는 망연자실하게 서 있었다. 소크라테스가 죽었다는 건 물론 슬픈 일이지만 알고 보면 수천 년 전 사람이다. 사형을 당하지 않았어도 어차피 늙어 죽었을 거다. 지금 그보다 더 중요한 건 임무를 끝낼 방법이 없어졌다는 거고, 임무를 끝내지 못하면 집으로 돌아가지 못한다는 거다. '소크라테스를 구출하라'는 바로 그 임무를.

그때 필로소피아, 아니 소크라테스가 말했다.

"전 이번에 많은 것을 배웠습니다. 소크라테스 선생님뿐 아니라

소크라테스를 구출하라

주인님과 함께한 이 여행 전체를 통해서요."

왠지 들뜬 목소리였다.

지누와 애지는 잠자코 그의 이야기를 들었다.

"신화의 바다를 거쳐서 철학의 여명기로 접어들어 탈레스로부터 여기 소크라테스까지 만나는 여행 자체가 저는 책의 앞부분 같았습니다. 앞으로도 계속 이어질 무척이나 긴 이야기의 앞부분이오. 그 이야기의 끝이 있기나 할지 모르겠습니다. 알고 보면 저도 그 속의 일부분이기도 하고……."

지누가 조용히 애지에게 속삭였다.

"뭔가 좀 이상해졌지?"

애지가 마주 속삭였다.

"자기가 뭔가를 슬슬 깨닫고 있는 거지."

"자기가 뭐라니?"

"자기가 책이라는 거, 그리고 소크라테스라는 거."

"무슨 헛소리냐?"

애지가 혀를 찼다.

"생각해봐. 우린 처음에 뭘 찾고 있었지? 책이었지. 우리와 함께 이 세계에 들어와 있었어야 할 책 말이야."

"그래. 그랬지."

"우린 찾았잖아."

"그래."

"그 다음에는 소크라테스를 찾았지."

"응."

"소크라테스도 찾았잖아."

지누는 눈을 껌벅거렸다. 아직도 이해를 못하고 있었다.

"저 아래 감옥 안의 소크라테스 선생님 말이야?"

애지가 고개를 저었다.

"아니, 여기 소크라테스."

지누의 눈이 점점 밝아졌다.

"그럼 구출하라는 게 소크라테스 선생님이 아니라 노예 소크라테스였다는 거야?"

"책 소크라테스였겠지."

"노예, 아니 책 소크라테스는 내내 우리랑 같이 있었잖아."

"그땐 그걸 몰랐지. 게다가……."

애지가 하늘을 가리키며 말했다.

"여기까지 올 이유가 있었던 거지."

놀라운 일이었다. 산과 산 사이로 해가 솟아오르면서 빛이 어둠을 갈랐다. 마치 책장이 갈라지듯이. 그리고 그렇게 갈라진 책장 사이로 이상한 도서관의 관장이자 사서인 페이지 마스터가 모습을 드러냈다.

"여기 있었구나. 어디를 떠돌건 결국 여기로 돌아올 줄 알았지."

페이지 마스터가 허리를 숙이고 손을 뻗더니 애지와 지누, 그리고 소크라테스까지 한꺼번에 움켜쥐고 들어 올렸다. 하늘 높이.

어느새 애지와 지누는 서재로 돌아와 있었다. 하지만 소크라테

스는 없었다.

지누가 두리번거리다가 페이지 마스터에게 물었다.

"소크라테스는요?"

페이지 마스터는 책상 위에 커다란 책을 펼쳐놓고 뭔가를 하느라 뒤도 안 돌아보고 말했다.

"응? 네가 책을 떨어뜨리는 바람에 찢겨 나간 부분 말이냐? 염려 마라. 감쪽같이 도로 붙여놓을 수 있어."

넓게 펼쳐진 책 옆에 찢겨 나간 종이 쪼가리가 놓여 있었다. 가까이 다가가서 들여다보자 이런 글이 인쇄되어 있었다.

아침이 오자 소크라테스가 독배를 마시고 죽었다는 소식이 전해졌다. 새벽부터 와서 함께 있던 아내 크산티페를 내보내고 친구며 제자들과 함께 죽은 후의 세계에 대한 철학적인 대화를 나누다가 시간이 되자 독이 든 잔을 주저 없이 비우고 잠시 걷더니 친구 크리톤에게 '아스클레피오스에게 닭 한 마리를 갚아달라'는 부탁을 하고는 죽었다고 한다. 다른 사람들은 그게 무슨 뜻인지 몰랐겠지만 크리톤만은 알았을 것이다.

아스클레피오스 그리스 신화에 나오는 의술의 신. 신에게 제사 지낼 땐 수탉을 제물로 바친다고 한다.

소크라테스를 구출하라

부록

그리스 철학 약사

글 한국철학사상연구회 **유재민**

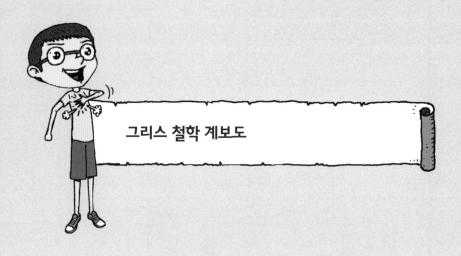

그리스 철학 계보도

밀레토스 학파	 Thales 탈레스	 Anaximandros 아낙시만드로스	 Anaximenes 아낙시메네스
형상원인을 중요시한 사상가들	 Pythagoras 피타고라스	 Herakleitos 헤라클레이토스	
엘레아 학파	 Parmenides 파르메니데스	 Zenon 제논	
파르메니데스 극복을 위한 사상가들	 Empedokles 엠페도클레스	 Anaxagoras 아낙사고라스	 Demokritos 데모크리토스
소피스트들과 소크라테스	 Protagoras 프로타고라스	 Socrates 소크라테스	 Gorgias 고르기아스

밀레토스학파

탈레스, 아낙시만드로스, 아낙시메네스

만물의 근원은 물이다_탈레스

|

탈레스는 기원전 6세기 사람입니다. 약 300년 후에 태어난 아리스토텔레스가 그를 철학의 시조로 부르기 시작했지요. 우리가 배울 그리스 철학자들의 공통 사항이기도 한데, 탈레스의 저술은 남아 있지 않습니다. 아니 저술이 있었는지조차도 확실하지 않습니다.

그저 그의 말이든 저술이든, 직접 보거나 들은 후대의 철학자들이 입에서 입으로, 혹은 저술들을 통해 그가 이런저런 말을 했다더라, 이런저런 저술들을 남겼다더라 하는 파편적인 기록들만 남아 있을 따름입니다. 탈레스의 것으로는 후대의 단편들 몇 문장만 전해질 뿐입니다.

먼저 그가 남겼다고 전해지는 가장 유명한 말은 "만물의 아르케는 물이다"라는 말입니다. 여기서 '아르케'란 여러 가지 의미를 담고 있는 단어입니다. 영어로 시작을 뜻하는 beginning이 될 수도 있고, 원리나 근원, 원인으로 번역할 수 있는 principle이 될 수도 있습니다. 그러니까 "만물의 아르케는 물이다"라는 말은 '만물은 처음 물에서 시작되었다'라는 의미가 될 수도 있고, '만물은 물이라는 물질로 만들어져 있다'라는 의미가 될 수도 있습니다.

소크라테스를 구출하라

우리가 "이 책상은 나무로(out of wood) 만들어진 거야"라고 하거나, "이 종이는 나무로(out of wood) 만들어진 거야"라고 할 경우, 이때 책상과 종이를 만든 공통의 원리는 '나무'라고 할 수 있겠지요. 마찬가지 방식으로 탈레스는 이 세상 모든 것이 바로 '물'이라는 공통의 원리로(out of water) 만들어졌다고 말하는 겁니다

세계는 무엇으로부터 시작되었고,
또 무엇으로 되어 있는가?

|

전 세계가 물로 되어 있다는 말이 얼마나 대단하기에 탈레스를 서양 학문의 시조로까지 올려놔야 하는 걸까요? 아리스토텔레스와 후대 학자들이 그를 학문의 시조라고 말한 이유는 단순히 그가 '물'을 콕 집어서 만물의 원리라고 했기 때문이 아닙니다. 문제는 물이 아니라, 그가 "세계는 무엇으로부터 시작되었고, 또 무엇으로 되어 있는가(out of what)?"라는 질문을 최초로 던진 사람이었기 때문입니다. 이 질문 자체가 학문은 아니지만, 이 질문으로부터 바로 학문의 그 기나긴 역사가 시작되는 것이니까요.

그가 던진 'out of what……?'이라는 물음의 형식에서 '재료'와 '물질'이라는 개념들이 만들어지기 시작했습니다. 또 만물의 근본은 어떤 모습이며, 어떤 식으로 다른 모든 것이 바로 그 근본적인 물질로 구성되는가? 탈레스에서 시작한 이 물음은 오늘날의 물리학자들이 실험실에서 고민에 고민을 거듭하며 풀고자 하는 것들과도 다르지

않습니다. 따라서 그가 던진 물음의 중요성에 비한다면, 그가 '물'을 바로 그 원리로 주장했다는 건 그닥 중요한 의미를 갖지 않습니다.

하지만 탈레스도 어떤 이유가 있어서 그것을 '물'이라고 했겠지요. 여기에는 몇 가지 추측이 가능합니다. 그가 살았던 밀레토스가 바닷가에 있었다는 사실도 아주 조금이나마 근거가 될 수 있을 겁니다. 바다를 한 번도 구경해보지 못한 산골에서 그가 학문을 했다면 '물'이 아니라, '흙'이나 '나무' 같은 것들에 만물의 근원이라는 지위를 부여했을지도 모르는 일이니까요. 바닷가에 나가서 끝도 없이 펼쳐진 광활한 바다를 보고 있으면, 내가 발 딛고 있는 땅덩어리가 너무 작게 느껴질 것이고, 그래서 육지는 거대한 바다에 그냥 둥둥 떠다니는 작은 모래알 같은 거라고 생각할 수도 있었겠지요.

또 한 가지, 그가 살던 기원전 6세기가 신화적인 사고방식에서 완전히 벗어나지 못한 시기였다는 점도 들 수 있습니다. 여러분이 잘 아는 그리스 로마 신화에 등장하는 여러 신들이 실제로 인간들의 삶에 개입한다고 생각하며 살았던 시대라는 것이죠. 당대 가장 유명했던 호메로스의 저술들에도 '오케아노스'라는 강을 모든 사물의 근원으로 지목하는 대목이 있습니다. 이렇게 본다면 탈레스는 신화적인 세계관과 과학적인 세계관의 경계에서 "만물의 아르케는 물이다"라는 말을 남긴 것으로 볼 수 있습니다. 따라서 이 말 속에는 신화와 과학의 충돌이 담겨 있다고 볼 수도 있습니다.

만물의 근원은
무엇이라 규정할 수 없는 아페이론이다_아낙시만드로스

|

아낙시만드로스는 그의 스승인 탈레스의 '만물은 물로 이루어져 있다'라는 주장에 만족하지 않았습니다. 정확히 말하자면 '무엇으로 이루어져 있는가(out of what)?'라는 물음은 적극적으로 받아들였지만, 그 해답이 '물'이라는 데는 만족할 수 없었던 겁니다. 탈레스는 '만물이 물로 이루어져 있다고 했는데, 그렇다면 물과 상극인 불마저도 물로 만들어졌다는 말인가?' 하는 의문을 품었습니다.

여러분도 당연히 이런 의문이 들 텐데요, 아낙시만드로스는 이렇게 생각했습니다. 만일 그 아르케를 '물'이라거나 '불' 등등의 주변에서 흔히 볼 수 있는 어떤 물질로 제한한다면(limit), 그것이 만물의 원리일 수는 없다. 그러니까 그 원리는 물도 아니고 불도 아니고 그 어떤 구체적인 것도 아닌, 이보다 더 근원적인 어떤 것이다.

그래서 그는 '아페이론(apeiron)'이라는 아르케를 제시합니다. 아페이론을 영어로 표현하면 unlimited 혹은 boundless가 됩니다. 아페이론은 그래서 '제한(limit)이 없다(un)' 혹은 '경계(bound)를 넘어선다(less)'는 뜻이 됩니다. 그러니까 아페이론은 '무한한 것' 혹은 경계나 한정을 넘어선다 하여 '무규정적인 것'으로 번역할 수 있습니다.

아페이론은 물도 불도 아니며, 뜨겁지도 차갑지도 않아서 모든 대립자를 넘어섭니다. 눈에 보이는 것들에는 상극 관계인 반대의 것이 있을 것이고, 그러니 아낙시만드로스가 만물의 근원을 모든 대립자를 넘어서는 규정할 수 없는 아페이론이라고 한 것이 일견 타당해 보이기도 합니다. 뿐만 아니라 그는 이 아페이론이 크기가 얼마만큼이라고도, 그 시작이 언제라고도 할 수 없을 만큼 시공간상으로도 무한하다고 주장합니다.

지구가 우주 안에 있는 다른 것들과 같은 거리를 유지하고 있다

|

우주의 형성은 이 아페이론에서 대립자 한 쌍이 '분리'되어 나오는 데서 시작됩니다. 그는 이 대립자 쌍을 '뜨거운 것'과 '차가운 것'이라 하고, 이것들의 구체적인 모습을 각각 '불꽃'과 '공기'라고 했습니다. 해와 달과 여러 별들은 이 '불꽃'으로 만들어지고, 별들을 둘러싸고 있는 짙은 안개와 우리가 밟고 있는 지구는 '공기'로 만들어집니다. 축축하고 차가운 안개 같은 것이 태양으로 인해 말라서 일부는 땅이 되고, 남아 있는 습기들은 바다가 됩니다. 활활 타오르는 해, 달, 별들을 제외하고 다른 모든 것은 차가움과 축축함의 정도에 따라서 '공기'로 만들어집니다.

아낙시만드로스의 우주 중앙에는 높이가 폭의 3분의 1이 되는 넓적한 원통 모양의 지구가 있습니다. 사람들은 평평한 한쪽 표면 위에서 살고 있습니다. 지구 둘레를 해와 달과 별의 불꽃(아낙시만드로스는 이것을 불의 바퀴라고 합니다)들이 에워싸고 있고, 이 불꽃들은 안개로 감싸여 있어서 우리 눈에는 전체 모습이 보이지 않습니다. 불꽃을 감싸는 안개들에 각각 작은 구멍 같은 것이 뚫려 있어서, 그 구멍을 통해 빠져나오는 불꽃의 일부를 우리는 해, 달, 별이라고 부릅니다.

탈레스는 땅이 물 위에 떠 있다고 생각했는데, 아낙시만드로스는 여기에 만족할 수 없었습니다. 그렇다면 그 물은 어떻게 떠 있냐는 의문이 들었을 테니까요. 아낙시만드로스는 지구가 우주 안에 있는 다른 것들과 모두 같은 거리를 이루고 있으며, 팽팽한 거리를 유지하도록 서로 영향을 미치고 있다고 말합니다.

'뷔리당의 당나귀'를 아십니까? 당나귀의 양쪽에 당나귀가 좋아하는 음식을 똑같은 분량으로 놓아두자, 당나귀가 어느 쪽 먹이를 먹을지 결정하지 못해 그 자리에서 움직이지 못하고 굶어 죽었다는 이야기입니다. 이런 식으로 지구는 다른 것들과 등거리 평행 상태를 이루며, 안개밖에 없는 우주 위에 둥둥 떠 있는 겁니다.

지금까지 살펴본 그의 우주론을 너무 황당하다고 볼 필요는 없습니다. 그의 지구에 대한 설명 방식은 물리학의 '인력'과 '척력' 개념을 떠오르게 합니다. 천둥과 번개를 제우스의 진노로 받아들이던 신화의 세계에 놀라운 상상력이라고 인정할 수 있을 겁니다.

한 가지 더, 그는 최초의 진화론자입니다. 그는 생물이 바다 속 물고기로부터 진화했다고 말합니다. 축축한 공기로 별들을 제외한 모든 것을 해결하려는 설명입니다. 하지만 이후에 아리스토텔레스가 종은 처음부터 정해져 있는 것이라고 말하고, 아리스토텔레스의 철학과 결부된 기독교 신앙이 대세를 이루었습니다. 그러면서 다윈의 선조였던 아낙시만드로스의 진화론은 학문의 역사에 수용되지 못하게 됩니다.

만물의 근원은 공기이다 _ 아낙시메네스

|

아낙시메네스도 탈레스의 물음을 적극적으로 수용합니다. 하지만 그는 스승과는 달리 아르케를 '공기'라고 주장합니다. 공기는 물, 불, 흙 등과 더불어 눈으로 관찰할 수 있는 물질입니다. 특정 성질을 갖춘 공기를 통한 아낙시메네스의 설명은, 어떤 성질도 넘어서는 중립적 원리인 아페이론을 가정하여 대립자를 설명한 아낙시만드로스의 설명과 비교해보면, 어떤 면에서는 후퇴한 것처럼 보일 수도 있습니다.

하지만 그의 설명에는 아낙시만드로스가 갖지 못한 장점이 있습니다. 아낙시만드로스의 아페이론은 우리가 눈으로 확인할 수 있는 것이 아닙니다. 그것은 모든 것을 넘어서 있다고만 할 수 있을 뿐, 묘사할 수도 없고 이해하기도 무척이나 힘든 말입니다. 철학이라고 해서, 학문을 한다고 해서 이해하기 힘든 말로 해야 할 필요는 없습니다. 구체성을 가지고 있다는 건 학문의 큰 장점이지 단점이 될 수 없습니다.

또한 아낙시만드로스는 아페이론에서 불꽃과 공기가 그냥 '분리'되고 '떨어져 나온다'고만 하고 있습니다. 여타 우주와 지구를 구성하는 것들에 대한 설명에서도 마찬가지였고요. 바로 이 점에서 아낙시메네스의 탁월함이 발휘됩니다. 공기는 다른 형태로 변하기가 쉽습니다. 조건이 맞으면 다른 물질이 되기도 합니다. 공기가 적당히 희박하면 불이 되고, 적당히 응축하면 바람이 되고 물, 흙 등등이 될 수 있으니까요.

이처럼 공기가 물과 불의 성질들을 취하는 과정을 그는 느슨해지는 '희박'과 촘촘해지는 '응축'이라고 합니다. 이 '희박'과 '응축'은 아낙시만드로스의 모호한 '분리'라는 과정보다 더욱 설득력을 띠고 있습니다. 현대의 용어로는 '밀도密度 차'로 모든 변화를 설명하는 셈입니다.

희박과 응축도 아낙시만드로스의 공기와 불꽃처럼 대립적인 개념이지만, 밀도 차이라는 양적인 개념으로 서로 연결되어 있습니다. 또한 희박해진 공기는 뜨겁고, 응축된 공기는 차갑다는 점에서 스승의 대립 개념을 포괄해주기까지 합니다. 여러분도 손을 모아 입에 대고 '후' 하고 천천히 불어보세요. 손이 따뜻해지면서 수증기가 맺힐 수도 있을 겁니다. 또 그곳이 아주 추운 곳이라면 얼음이 생길 수도 있겠지요.

무엇 때문에 공기가
희박해지고 응축되는가?

|

하지만 아낙시메네스도 설명하지 않은 점이 있습니다. 탈레스, 아낙시만드로스, 아낙시메네스 이렇게 세 명의 사상가들을 밀레토스학파라고 부르는데, 밀레토스학파 모두가 설명하지 못한 점입니다. 그것은 언제, 그리고 무엇 때문에 공기가 희박해지고 응축되는가 하는 점입니다. 아낙시만드로스는 아페이론이 우주가 처음 만들어질 때 그냥 불꽃과 공기로 분리되었고, 이것들이 그냥 우주로 변하고 지구

를 구성하게 되었다고 말할 뿐입니다.

아낙시메네스의 경우도 공기가 희박하면 불이 되고, 공기가 응축하면 물 또는 흙이 된다고만 할 뿐, 그게 어떤 조건을 갖추어야 그런 변화를 하게 되는지 아무런 설명도 하지 않고 있습니다. 물도 아페이론도 공기도 원래 저절로 움직이고 다른 것들로 변할 수 있는 것들이라는 거지요.

그래서 밀레토스학파의 이론을 '물활론'적이라고 말하기도 합니다. 물활론이란 생물뿐만 아니라 물, 불, 흙, 공기 등의 원소들도 생명을 가지고 있어 스스로 움직이고 변화할 수 있다는 이론입니다. 그들에게는 이 근본적인 재료들에 대한 설명과, 이 재료들이 왜 변하게 되는지에 대한 설명이 나뉘어 있지 않습니다. 후대 아리스토텔레스식으로 표현하자면 '질료(재료)원인'만 설명했지, '운동원인'을 설명하지 못했던 거지요. 이 운동원인에 대한 설명은 한참 후에 엠페도클레스라는 학자가 처음 제기하게 됩니다.

애네들은 '세상이 무엇으로 이루어져 있나(out of what)'를 연구했던 밀레토스학파야.

얘들아, 안녕? 만물의 아르케는 물이란다. 즉 만물은 물이라는 물질로 되어 있지.

Thales

탈레스

스승님, 만물이 물로 이루어졌다고 하셨는데, 그렇다면 물과 상극인 불마저도 물로 만들어졌단 말씀이신지요? 이 몸은 만물의 근원은 아페이론(무규정자, 무한한 것) 이라고 봐요.

Anaximandros

아낙시만드로스

무슨 말씀. 만물의 근원은 '공기'지요. 공기는 조건이 맞으면 다른 물질로 되기 쉬워요. 공기가 적당히 희박하면 불이 되고, 적당히 응축하면 바람이나 물, 흙 등등이 될 수 있으니까요.

Anaximenes

아낙시메네스

음악과 수학으로 영혼을 정화하라 _피타고라스

|

피타고라스는 우리들에게 '피타고라스의 정리'로 잘 알려져 있는 사람입니다. 하지만 그를 수학자나 철학자로 규정하기보다는 종교 지도자라고 하는 게 더 잘 어울릴 것 같습니다.

그는 밀레토스학파처럼 순수하게 앎을 목표로 학문을 한 것이 아니라, 인간이 어떻게 살아야 신에게 합당한 삶을 살며 도덕적으로 훌륭한 삶을 살 수 있는지 우선적으로 고민한 사람이었습니다.

그는 영혼이 몸을 옮겨 다니면서 영원한 삶을 산다는 '영혼윤회'의 사상을 가지고 있었습니다. 이때 영혼에 자리를 제공하는 육체가 반드시 사람의 몸일 필요는 없습니다. 영혼은 동물의 몸을 이용할 수도 있고, 사람의 몸으로 옮겨가기도 합니다. 하지만 기본적으로 모든 육체는 영혼을 더럽힙니다. 그러니까 영혼이 육체로 인해 더럽혀지지 않도록, 육체에 갇혀 있는 영혼을 '정화'하는 일이 피타고라스에게는 중요한 일이었지요.

그는 영혼을 정화하는 두 가지 수단을 제시합니다. 그게 바로 '음악'과 '수학'입니다. 그는 종교적인 삶의 올바른 교리를 효과적으로 전파하기 위해 수학을 이용한 것일 뿐, 순수하게 수학이라는 학문을 추구한 사람이 아니라는 이유가 여기에 있습니다.

당시에 리라라는 줄로 소리를 내는 악기가 있었습니다. 이 일곱 개의 줄은 같은 재료를 사용하지만 각각 길이를 달리해서 다른 소리를 내는 악기입니다. 어떤 줄을 골라 치느냐에 따라 리라는 다른 소리를 내면서 각각의 화음을 만들어내겠지요. 재료와 무관하게 길이의 비율에 따라 다른 화음을 내게 됩니다. 피타고라스는 이 세상 모든 만물이 이처럼 각각의 화음을 가지고 있다고 생각했습니다. 그 물건의 재료가 아니라, 각각이 가지고 있는 비례(예를 들어 3 : 4, 5 : 7, 2 : 3 : 4 등등) 혹은 구조에 따라 다른 소리를 낸다는 것입니다.

이 우주 전체도 마찬가지입니다. 단, 정화되지 못한 영혼은 그 어떤 소리도 들을 수 없습니다. 이건 정화된 영혼의 몫이고, 이 우주가 내는 조화(harmony)의 소리를 들으면 들을수록 영혼은 더욱 정화됩니다. 세상 만물이 가지고 있는 구조를 파악하고, 거기서 나는 조화의 소리를 들어라. 그러면 영혼은 더욱 정화될 것이다. 이것이 피타고라스가 제시한 한 가지 방법입니다.

또 한 가지 방법은 수학에 몰두하라는 것입니다. 여러분 중에 혹시 수학 문제를 풀다 보면 아무 생각이 없어지고 마음이 맑아지는 사람이 있지 않습니까? 우주가 가지고 있는 구조, 우주가 내는 조화가 바로 수로 이루어져 있습니다. 우주는 수적인 구조를 가지고 있으며, 수적인 비율로 표현할 수 있는 조화를 지녔기에 아름다운 것입니다. 피타고라스는 아름다운 우주의 수학적 구조에 집중하고 명상에 명상을 거듭하면 영혼이 순수하게 정화된다고 가르칩니다. 피타고라스의 정리는 이 명상의 와중에 완성된 것일 수도 있겠군요.

구조, 조화, 형식에 집중하라

|

밀레토스학파가 만물이 이루어진 '재료, 물질, 질료'에 집중한 것과는 달리, 피타고라스는 처음으로 '구조, 조화, 형식'에 집중하라고 가르칩니다. 그에게 세상 만물이 어떤 재료로 만들어졌는지는 관심의 대상이 아닙니다. 리라의 일곱 개 줄은 소가죽으로 만들든지, 쇠로 만들든지 상관이 없습니다.

아리스토텔레스는 밀레토스학파의 아르케를 '질료원인', 피타고라스의 아르케를 '형상원인'이라고 부릅니다. 탈레스가 묻기 시작한 '아르케'를 반드시 '재료, 질료'로만 제한해서 볼 필요는 없습니다. 아르케는 '원리나 원인'으로 번역할 수 있는 단어였고, 피타고라스처럼 만물이 수적 구조로 이루어졌다고 보는 사람들에게는 수적 구조가 바로 아르케일 테니까요.

이제 피타고라스 이후부터 재료보다 구조를 더 중요시하는 일단의 학자들이 등장하기 시작합니다. 피타고라스학파의 사상은 그의 사후 약 800년 동안이나 플라톤학파를 비롯한 이런저런 학파 속에서 영향력을 행사했고, 지금도 모든 자연과학자를 피타고라스의 후예라고 할 수도 있습니다. 이들 또한 세상 만물의 수학적 구조를 해명하기 위해 전념하는 사람들일 테니까요.

소크라테스를 구출하라

로고스는 세상 만물 속에 숨어 있는
참된 본성이다 _헤라클레이토스

|

헤라클레이토스가 남긴 저술들은 무척이나 이해하기 힘든 한 줄짜리 시구들로 되어 있습니다. "본성은 숨기를 좋아한다" "전쟁은 만물의 아버지다" "바닷물은 가장 깨끗하고 또한 가장 더럽다"처럼 말이지요. 당대 사람들뿐 아니라 이후의 사람들도 그가 하고자 하는 말을 분명하게 파악하기 힘들었던 모양입니다. 그래서 그에게는 '수수께끼를 내는 자', '어두운 자'라는 별명이 붙었습니다. 그의 사상을 정리하는 데는 많은 주의가 필요합니다. 그의 말처럼 정반대로 해석할 수 있는 여지가 항상 그의 말 속에 숨어 있기 때문입니다.

헤라클레이토스는 밀레토스학파가 강조하는 자연 만물에 대한 직접적인 탐구의 중요성을 부인하지는 않습니다. 그는 감각이 우리에게 주는 증거를 일단은 신뢰하는 사람입니다. 하지만 그는 단순한 경험에서 얻은 지식의 축적이 곧 참된 지식을 가져다준다고 생각하지도 않았습니다.

제대로 된 지식을 얻기 위해서는 다양한 경험에서 출발해야 하지만, 거기에 머무른다면 단지 박식한 사람이 될 뿐이라는 거지요. 박식한 사람이란 여러 가지 지식을 가지고 있다 해도, 그 지식이 깊지 않은 사람을 뜻합니다.

그는 당대 그리스의 문화적 스승이라고 할 수 있는 호메로스나 존경받던 종교 지도자 피타고라스조차도 "박식함이 참된 지식을 가져

다주지 않는다"라고 비판해버립니다. 다방면에서 해박한 지식을 얻기보다 제대로 된 지식을 얻어야 한다는 주장입니다. 제대로 된 지식은 그에 따르면 놀랍게도 하나입니다. 그리고 이 하나의 지식은 우리가 경험을 통해 파악할 수 있는 세상 만물에 대한 지식 속에 숨어 있습니다. 그는 제대로 된 이 하나의 지식을 '로고스'라고 부릅니다. 로고스는 모든 것 속에 들어 있지만, 숨어 있는 어떤 원리입니다.

로고스는 헤라클레이토스에게서는 '말'이라는 의미로도 사용됩니다. 세상 모든 사람이 말합니다. 많이 배우지 못한 자도 말을 하고, 똑똑한 사람도 말을 합니다. 의사소통하는 사람들 모두가 말(숨어 있는 로고스)을 합니다. 하지만 이 로고스는 사람들을 속이기도 합니다. 예를 들어 거짓말이나 은유 등을 통해서 진짜로 하고 싶은 말을 숨기는 경우를 생각해볼 수 있을 것입니다. 숨어 있던 로고스가 밖으로 드러나게 되면, 그것은 사물의 참된 본성을 가리키는 드러난 로고스가 됩니다.

또한 로고스는 사물 그 자체를 가리키기도 합니다. 사물이긴 사물인데 사물 속에 숨어 있는 참된 본성을 가리키지요. 그러니까 로고스는 세상 만물 속에 숨어 있는 참된 본성 자체입니다. 이렇듯 로고스는 사람들이 사용하는 말이라는 의미와 사물의 본성 자체라는 의미를 동시에 지니고 있는 개념입니다.

로고스는 일정한 비례 관계를 가지고 있습니다. 이런 점에서는 피타고라스의 수학적 구조와 비슷하다고도 할 수 있습니다. 이 비례 관계는 피타고라스와는 달리 대립적인 것들을 하나로 묶어주는 관계입

소크라테스를 구출하라

니다. 그가 남긴 말에는 "오르막길과 내리막길은 하나다"라거나 "죽음과 삶, 깨어 있음과 잠듦, 늙음과 젊음이 하나다"라는 대립적인 것들의 통일을 가리키는 말들이 많이 전해집니다.

또한 "활은 생명이다. 하지만 이 활은 생명을 죽이기도 한다"라는 예는, 활이라는 사물 속에 숨어 있는 참된 본성을 전달하기 위한 사례입니다. 활을 당기면 엄청난 긴장감과 힘이 느껴질 것입니다. 생명을 가지고 있다는 것은 그 안에 엄청난 긴장감과 동력을 가지고 있다는 말입니다. 하지만 생명을 대표했던 활이 생명을 죽이기도 합니다.

이와 같이 대립된 것들 속에 담겨 있는 하나의 원리, 이것이 헤라클레이토스가 말하고자 하는 로고스입니다. 유유히 흐르는 강물 속에는 우리 눈에 보이지 않는 엄청난 속도로 흐르는 물살과 급류의 동적 긴장이 있습니다. 물살은 앞으로 흘렀다가 뒤로 물결치며, 흩어지기도 했다가 모이기도 합니다. 이러한 대립되는 것들이 모두 모여서 하나의 강을 이루는 것입니다.

사실 헤라클레이토스가 한 말 중에 가장 유명한 말로 "만물은 흐른다"라는 말이 있습니다(이건 후대 플라톤이 해석한 헤라클레이토스의 사상입니다. 헤라클레이토스는 이 말을 한 적이 없습니다). 이는 모든 것은 끊임없이 흐른다는 사상을 주장했다기보다, 끊임없이 흐르면서 대립하는 강물들이 결국에는 모두 모여 하나의 강을 이룬다는 뜻일 것입니다.

그는 만물의 근원을 불이라고, 곧 로고스가 불이라고 했습니다. 이 불을 탈레스의 물, 아낙시메네스의 공기처럼 재료와 같은 것으로 이해할 필요는 없습니다. 그의 로고스를 대중들에게 효과적으로 전파하기 위해서 택한 하나의 비유로 보셔도 좋습니다. 불은 순수하고, 동적이며, 끊임없는 운동 속에서도 자기 자신을 유지하는 물질입니다.

피타고라스

헤라클레이토스

밀레토스학파

엘레아학파

진짜로 있는 것은 존재뿐이다 _ 파르메니데스

|

　파르메니데스는 초기 그리스 철학의 역사에서 가장 영향력이 큰 철학자였습니다. 밀레토스에서 시작된 철학의 역사는 파르메니데스에 와서 일대 도전과 전환을 맞게 되고, 이후의 그리스 철학 심지어는 이후의 서양 철학사 전체가 그의 영향력 아래 놓이게 된다고 해도 틀린 말은 아닙니다.

　파르메니데스는 밀레토스학파와 피타고라스학파가 관심을 기울였던 문제 제기를 종합해서 하나의 문제로 설정합니다. 예를 들어 탈레스라면 내 앞에 있는 나무를 보면서 "이 나무는 나무로 보이지만, 진짜로는 물로 이루어져 있다"고 하겠지요. 다른 사물들에 대해서도 마찬가지로 설명할 겁니다. 여기서 '보이는 세계'와 '진짜로 있는 세계'를 구분해볼 수 있고, 이 구분은 밀레토스학파, 피타고라스, 헤라클레이토스의 철학 속에서도 찾을 수 있을 겁니다.

　그런데 파르메니데스는 여기서 한 걸음 더 나아갑니다. "이 앞에 있는 사물은 물(탈레스)로, 수학적 구조(피타고라스)로 보일 뿐이다. 진짜로 있는 것은 존재뿐이다." 그렇다고 해서 이전 철학자들이 내세웠던 아르케의 자리에 '존재'만 대체하면 파르메니데스의 철학이 되는 것은 아닙니다. 그의 '존재'는 이전 철학자들의 아르케와 많이 다릅니다. 그는 존재를 제외한 다른 모든 것은 그렇게 보일 뿐만 아니라, '없는 것'이라고 주장하고 있으니까요.

첫 번째로, 존재는 새롭게 '생겨나거나 없어지는' 것이 아닙니다. 우선 존재가 새로 생겨나기 위해서는 생겨나기 이전의 존재 아닌 것으로부터 생겨났어야 합니다. A가 '생겨나기' 위해서는, 'A 아닌 것 →A'의 공식이 성립해야 합니다. 그래야 생겨나는 것이 되지요. 나무가 생겨나기 위해서는 나무 아닌 것, 즉 씨앗으로부터 생겨나야 하고 어른이 생겨나기 위해서는 아기로부터 생겨나야 합니다.

또한 존재가 없어진다는 것은 존재가 존재 아닌 것이 된다는 말입니다. A가 없어진다는 것은 'A → A 아닌 것'이 된다는 말이니까요. 종합해보면 파르메니데스의 존재는 이전에 없다가 새로 생겨난 것이 아니며, 이후에 없어지지도 않습니다. 존재는 시간적으로 영원하다는 말이 됩니다.

게다가 두 번째로, 존재만 유일하게 영원하다는 말이 됩니다. 왜냐하면 파르메니데스는 존재를 제외한 다른 모든 것은 '없는 것'이라고 말했으니까요. 이전 밀레토스학파라면 어떻게 말했을까요? "내 앞의 나무는 진짜로는 물이지만 나무로 보인다"라고는 하겠지만, 나무는 '없는 것이다'라고까지 강하게 말하지는 않을 것 같습니다. 하지만 파르메니데스의 세계는 존재만 있는 독자적인 세계입니다. 존재 아닌 모든 것은 사실 없는 것입니다.

세 번째로, 조금만 더 진행해보지요. 존재는 하나입니다. 두 개의

존재가 있기 위해서는 이 존재와 저 존재를 구별해주는 존재 아닌 것
(이를 파르메니데스는 '빈 공간'이라고 표현하기도 합니다)이 있어야 합니
다. 그런데 존재 아닌 것은 없는 것이니까 존재는 둘 이상일 수 없고,
오직 하나일 수밖에 없게 됩니다. 온 우주에 존재만 있습니다. 시간의
시작과 끝도 없이 움직이지도 않고, 빈 공간 하나 없이 충만한 채로
말이지요. 그래서 그의 철학을 '자연부정론', '무우주론'이라고 부르
기도 합니다.

세계는 움직이지 않는 단 하나의 존재가
꽉 찬 채로 뭉쳐 있다

파르메니데스는 우리가 감각을 통해 경험하는 모든 자연 만물에
'없는 것'이라는 이름표를 붙여서 추방시켜버립니다. 눈에 보이는 것
들을 의심하라는 명령은 특별히 헤라클레이토스에게서도 찾아볼 수
있지만, 파르메니데스는 의심해보라가 아니라 아예 없는 것이라고
단언을 해버립니다. 뜨뜻미지근하게 '보이는 세계'는 인정할 필요가
없다는 거지요. "탈레스 님. 세상 만물이 물로 되어 있다면, 물만 있다
고 하면 되는 거지 다른 걸 인정할 필요가 있습니까? 그러다 보니 물
이 물 아닌 공기가 된다는 것도 설명해야 되고, 물이 불이 된다는 황
당한 주장도 해야 되는 겁니다." 파르메니데스라면 이렇게 말할 것
같은데 너무 황당한 얘기라고요?

그는 밀레토스학파로부터 내려온 문제 제기를 붙잡고, 그 문제 제

기를 철저하게 철학적 사색으로 밀고 나갔을 뿐입니다. 제대로 된 아르케가 되기 위해서는 파르메니데스의 존재처럼 다른 것으로 변한다거나 둘로 구분된다거나 해서는 안 된다는 거지요.

파르메니데스는 이후 사상가들에게 두 가지 과제를 던져주었습니다. 그들은 파르메니데스가 부정한 운동을 구제해야 했고, 그가 부정한 여럿으로 이루어진 세계를 설명해야 합니다. 아무것도 움직이지 않고 단 하나의 존재가 꽉 찬 채로 뭉쳐 있는 세계는 상식적인 관점에서도 그렇지만, 철학자들의 입장에서도 반드시 극복해내야 할 과제 같은 것이 된 셈입니다.

나의 스승 파르메니데스의 주장을
황당해 하지 마라 _제논

|

제논과 파르메니데스를 엘레아학파라고 부릅니다. 파르메니데스의 주장을 듣고 당대의 많은 학자들이 비판을 가하게 됩니다. 제논의 철학은 자기 스승인 파르메니데스의 철학을 옹호하기 위한 몇 개의 역설(aporia)들로 이루어져 있습니다. 파르메니데스를 비판하는 사람들은 공통적으로 '자연은 (하나가 아니라) 여럿이다'와 '자연은 (움직이지 않는 것이 아니라) 움직인다'라고 공통적으로 주장합니다.

제논의 스승 옹호는 그래서 두 가지 형식으로 이루어져 있습니다. "만일 당신들의 주장대로 여럿이 있다고 해봅시다. 그 전제를 받아들이면 이러저러한 불가능한 결론이 따라 나옵니다. 또 당신들의 주장대로 운동이 있다고 해봅시다. 그 전제를 받아들이면 이러저러한 불가능한 결론이 따라 나옵니다. 그러니까 스승님의 말씀대로 자연은 여럿이 아니라 하나이며 움직이지 않습니다."

그는 파르메니데스처럼 존재에 대해 직접적으로 어떤 증명을 시도하지 않고, 여럿과 운동이 있다는 주장보다는 하나만 움직이지 않으면서 있다는 주장이 보다 합리적임을 증명합니다. "스승의 주장을 황당해하지 마라. 당신들의 주장이 더 많은 우스운 결과를 초래한다." 여기에서는 이 중 두 가지 역설만을 대표적으로 살펴보도록 하지요.

양분법의 역설, 아킬레우스와 거북이의 역설

'양분법의 역설'. 어떤 물체가 목표 지점까지 가기 위해서는 목표 지점의 절반을 먼저 도달해야 하고, 절반에 도달하려면 절반의 절반에 먼저 도달해야 한다. 이 과정은 무한히 계속될 것이고, 따라서 이 물체는 결코 목표점까지 도달할 수 없을 것이다.

'아킬레우스와 거북이의 역설'. 거북이가 조금이라도 먼저 출발한다면, 아무리 빠른 아킬레우스라도 거북이를 앞지를 수 없다. 왜냐하면 그는 우선 거북이가 출발한 지점에 도달해야 하지만 거북이는 그때 제2의 지점으로 조금이라도 전진했을 것이고, 그가 제2의 지점에 도달하면 거북이는 다시 제3의 지점에 도달해 있을 것이기 때문이다. 이런 일은 무한히 진행되어 아킬레우스는 거북이를 따라잡지 못한다.

양분법의 역설이나 아킬레우스와 거북이의 역설은 '만일 여럿이 있다면'이라는 전제와 '만일 운동이 있다면'이라는 전제를 받아들였을 때 얼마나 황당한 결론이 따라 나오는지를 보여주고 있습니다. 여럿이 존재한다는 전제는 곧 어떤 거리를 무한히 나눌 수 있다는 것이 될 텐데, 아무리 작은 거리라 하더라도 무한히 분할할 수 있다고 가정한다면 반드시 역설에 빠지게 됩니다. 전제를 받아들이고 논리를 따라가다 보면 전제에서 결론에 이르는 과정에는 아무 이상이 없는데, 이상한 결론이 따라 나옵니다. 전제가 틀렸기 때문이라는 거지요.

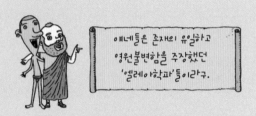

얘네들은 존재의 유일하고 영원불변함을 주장했던 '엘레아학파'들이라구.

존재만 유일하게 영원합니다. 존재 아닌 모든 것은 '없는 것'입니다. "있는 것은 있고 없는 것은 없다." 우리가 감각을 통해 경험하는 모든 자연 만물에다가 '없는 것'이라는 이름표를 붙여 추방해버려!

파르메니데스

나의 스승 파르메니데스의 주장을 황당해하지 마라. 당신들의 주장이 더 우스운 결과를 초래할 것이다. 아킬레우스와 거북이의 역설을 보라. 거북이가 조금이라도 먼저 출발한다면, 아무리 빠른 아킬레우스라도 거북이를 따라잡을 수 없다.

제논

소크라테스를 구출하라

엠페도클레스, 아낙사고라스, 데모크리토스

파르메니데스 극복하기

이 세상은 물, 불, 흙, 공기

네 가지 원소로 되어 있다 _ 엠페도클레스

|

엠페도클레스는 밀레토스학파의 문제의식을 계승하면서 파르메니데스의 엄격한 기준을 충족시킨 사상가입니다. 세상 만물이 어떤 재료로 이루어져 있는지 질료원인을 통해 자연을 설명하면서도, 그의 근본 재료들은 파르메니데스의 존재처럼 생겨나거나 없어지지 않으며 스스로 다른 것으로 변하지도 않습니다. 파르메니데스는 존재가 없었다가 생겨나거나 있었는데 없어지지 않고, 자기 말고 다른 것으로 변하지도 않을뿐더러, 빈 공간 없이 꽉 차 있는 어떤 것이며 개수는 하나뿐이라고 했지요.

엠페도클레스의 원리는 그러나 네 개입니다. 물, 불, 흙, 공기 네 개의 원소들이 그것이지요(그는 이를 뿌리라고 부릅니다). 원소는 밀레토스학파의 아르케에 해당되는 용어입니다. 이 네 개의 원소 각각은 파르메니데스의 존재와 같은 성격을 갖습니다. 원소들은 시작도 끝도 없이 영원히 있는 것들이면서, 물이었다가 불이 되거나 공기였다가 흙이 되지 않습니다. 파르메니데스의 존재와 다른 점이라고는 개수가 네 개로 늘어났다는 점뿐입니다.

여기서 의문이 하나 생길 수도 있을 겁니다. 파르메니데스의 존재는 개수가 하나여서 사이사이 빈 공간을 인정할 여지가 없었는데, 엠페도클레스의 원소들은 개수가 서로 네 개니까 사이사이 빈 공간을 인정했다는 말이 될 테고, 그러면 파르메니데스의 기준을 충족시키지 못하는 것 아니냐고 말이지요.

이는 맞기도 하고 틀리기도 한 말입니다. 파르메니데스가 운동을 부정한 이유는 어떤 것이 움직여서 빈 공간이 없기 때문이었지요. 엠페도클레스는 이에 대해서 모든 것이 원소들로 꽉 차 있어서 빈 공간이 없다고 해도, 운동이 일어날 수 있다고 말합니다.

바닷속 물고기를 생각해보세요. 바닷물이 꽉 차 있지만 물고기는 헤엄칠 수 있습니다. 이런 현상은 지상에서도 마찬가지지요. 사람들이 여기저기 걷고 뛰어다니는 것은 한쪽이 비어 있어서가 아닙니다. 그저 나와 내 앞에 있는 공기가 자리를 바꿔주면 되거든요.

엠페도클레스는 말합니다. 파르메니데스의 문제 제기는 정당하고, 제대로 된 물질이기 위해서는 그의 기준을 만족시켜야 한다. 하지만 그렇다고 해서 모든 것이 하나의 존재로만 꽉 차 있고, 움직이지도 않는다고 할 필요는 없다. 모든 것은 네 개의 원소들로 이루어져 있고, 그것들은 서로 마치 파르메니데스의 존재처럼, 꽉 차 있지만 그 안에 있는 것들은 운동할 수 있다. 서로 자리를 바꿔가면서 말이다.

물, 불, 흙, 공기는 절대 변하지 않고
섞이거나 흩어질 뿐이다

|

이번에는 엠페도클레스의 네 원소들이 탈레스의 물, 아낙시메네스의 공기, 헤라클레이토스의 불과 어떻게 다른지를 설명해보도록 하지요. 밀레토스학파의 질료원인들이 다른 것들로 변하는 데는 특별한 이유가 있지 않았습니다. 그냥 공기가 어쩌다 보니 희박해져서 불이 되고, 어쩌다 보니 촘촘해져서 물이 되고 그랬던 거지요. 그래서 그들의 사상을 물활론적이라고 했고요.

엠페도클레스의 네 원소들은 우선 서로 변하지 않습니다. 절대로 물이 불이 되거나 흙이 공기가 되거나 하지 않습니다. 이것들은 섞이거나 흩어질 뿐입니다. 이 섞임과 흩어짐의 원인은 '사랑'과 '불화'라는 신적인 힘이고요. 사랑과 불화라는 의인화된 표현 때문에 신화로 후퇴한 것 아니냐고 생각할 필요는 없습니다. 뭔가 서로를 섞이게 하고, 분리시키는 힘이 있습니다. 우리도 비슷한 개념을 가지고 있죠. 바로 우주 전체에 작용하는 인력과 척력이라는 개념입니다.

그러니까 엠페도클레스는 인력, 척력 개념의 선구자라고 할 수도 있겠네요. 이 사랑과 불화의 힘으로 네 개의 원소들이 서로 섞이고 흩어집니다. 아무리 촘촘히 섞여 있어도 어느 부분이 물이고, 어느 부분이 공기인지 알 수 있습니다. 가령 물과 불이 3:5의 비율로 섞이면 나무가 되고, 흙과 공기와 불이 1:3:4로 섞이면 쇠가 된다는 식이지요.

네 원소들은 이처럼 양적인 비례 관계를 달리하면서 세상 모든 만물이 될 수 있습니다. 이 비례 관계는 피타고라스의 수학적 구조를 닮아 있습니다. 네 원소들을 질료원인, 사랑과 불화를 운동원인, 양적인 비례 관계를 형상원인이라고 할 수 있습니다. 엠페도클레스는 운동원인을 처음 철학에 도입한 주인공이며, 세 종류의 원인을 통해 세상을 사고한 철학자였습니다.

이것 안에 모든 것이 들어 있다 _아낙사고라스

아낙사고라스는 엠페도클레스가 너무 소극적이라고 생각한 것 같습니다. 파르메니데스를 비판한다고 하면서 물, 불, 흙, 공기 네 개를 근본적인 것들로 인정할 바에는 차라리 모든 것을 인정하는 게 더욱 합리적이라고 생각한 거지요.

엠페도클레스에 따르면 내 머리카락은 물, 불, 흙, 공기로 이루어져 있습니다. 내 앞에 있는 돌멩이도 마찬가지고요. 단지 이것들이 어떤 비율로 섞여 있느냐에 따라 같은 물, 불, 흙, 공기라 하더라도 어떤 비율의 것은 머리카락이라고 부르고, 어떤 비율의 것은 살이라고 부를 뿐입니다.

이에 대해 아낙사고라스는 이 머리카락, 이 돌멩이 안에 전 우주의 모든 요소가 다 들어 있다고 생각했습니다. 아무리 크기가 작은 물질이라 하더라도, 아주 커다란 산이라 하더라도 구성 요소는 똑같습니다. 이렇게 되면 모든 구성 요소 하나하나가, 그 크기와 상관없이 파르메니데스적인 기준을 만족시킬 수 있습니다.

조금 더 자세히 설명해보죠. 돌멩이 하나 속에는 물, 불, 흙, 공기만 있는 게 아니라 머리카락도 들어 있고, 살도 들어 있고, 우리가 이 세계에서 만날 수 있는 모든 물체가 들어 있습니다. 네 원소들이라고 예외는 아니어서 물을 분해해도 마찬가지입니다. 물 속에는 불, 흙, 공기, 돌멩이, 살 그리고 세상 만물이 들어 있습니다.

내가 소고기와 야채를 먹으면 이것들은 몸속에서 소화되어 우리의 뼈와 살이 됩니다. 아낙사고라스는 소고기와 야채가 없어져서 전혀 새로운 뼈나 살이 생겨나는 것이 아니라, 소고기와 야채 속에 처음부터 뼈도 살도 들어 있었다고 말합니다. 뜨거운 음식이 차가워지는 것은, 그 속의 뜨거운 것이 없어지고 이전에 없던 차가운 것이 생겨나는 것이 아닙니다. 뜨거운 음식 속에는 차가운 것이 이미 들어 있었습니다.

누스는 사물들에 질서를 부여하고 운동을 일으키는 원리이다

그렇다면 왜 어떤 만물은 돌이라고 부르고, 어떤 만물은 피라고 부르는 걸까요? 우리가 돌이라고 부르는 물체는 그것이 포함하고 있는 전 우주의 요소들 중에서 돌의 순수한 요소를 가장 많은 비율로 가지고 있기 때문입니다. 돌이 모래가 된다면 모래의 요소가 가장 큰 비율이 되기 때문이고요.

엠페도클레스에게 사랑과 불화가 있다면, 아낙사고라스에게는 '누스'라는 원리가 있습니다. 누스는 정신이나 이성쯤으로 번역될 수 있는 말이니까, 아낙사고라스는 서양 사상 최초로 물질적인 원리와 정신적인 원리를 구분해서 사고한 철학자입니다. 이 누스는 사물들에 질서를 부여하고, 운동을 일으키는 원리입니다.

아낙사고라스는 파르메니데스의 존재와 빈 공간의 절대적인 구별과 생성과 소멸의 부정을 받아들입니다. 엠페도클레스도 파르메니데스를 받아들여 생성과 소멸을 부정하기는 하지만, 아낙사고라스는 이를 훨씬 더 철저하게 고수합니다.

엠페도클레스의 경우에는 피나 살 같은 물체들은 네 원소의 결합으로 형성되고, 다시 해체되어 네 원소들로 분해될 수 있습니다. 피나 살 등의 결합물들은 생성과 소멸을 겪는다는 말이 되는 거지요.

하지만 아낙사고라스의 경우에는 물, 불, 흙, 공기가 합쳐져서 피나 살이 되는 것이 아니라, 물 또는 불이 처음부터 피도 살도 포함하고 있었다는 것이고, 따라서 피나 살의 생성과 소멸마저도 부정하게 되는 겁니다.

만물은 원자들의 결합이다_데모크리토스

데모크리토스는 조금 다른 관점에서 파르메니데스 극복을 시도합니다. 파르메니데스가 제시한 존재의 기준은 생겨나거나 없어지거나 움직이지 말아야 하고, 꽉 차 있어서 없는 것, 즉 빈 공간을 허용해서는 안 되는 것이었습니다. 엠페도클레스의 네 원소들은 빈 공간을 인정하지 않으면서도 이 기준을 만족시켜주는 것들이었고요. 엠페도클레스는 운동 부정론자 파르메니데스로부터 마치 물과 물고기에서 볼 수 있는 자리 바꾸기라는 장치를 통해 운동을 구제해내고 여러 개로 이루어진 세계를 구해냅니다. 데모크리토스 역시 파르메니데스의 운동 부정론에 맞서 자연의 다양한 변화들과 여럿으로 이루어진 실재 세계를 구제해냅니다.

데모크리토스는 원자론의 선구자입니다. 원자를 atom이라고 하지요. atom이란 더 이상 쪼개지지(tom) 않는 것(a)이라는 뜻을 가지고 있습니다. 더 이상 쪼개지지 않는 원자들은 그 개수가 무한하면서도, 하나하나가 파르메니데스적인 존재라고 할 수 있습니다. 그리고 이 원자들의 개수는 무한합니다.

그는 참된 존재인 원자들 말고, 빈 공간을 그냥 인정하자고 합니다. 그러니까 더 이상 쪼개지지 않는 무한한 개수의 원자들과 이 원자들이 움직일 수 있는 터전인 빈 공간, 이렇게 데모크리토스의 세계에서 참된 존재는 원자와 빈 공간 두 종류입니다. 빈 공간을 인정하면 운동은 설명이 필요 없는 당연한 사실이 되어버립니다.

파르메니데스로부터 이어온 운동의 문제에 대한 한 가지 해답을 제시해주고 있습니다. 마치 창문을 통해 쏟아져 들어오는 햇살 속에 떠다니는 먼지처럼 원자는 아주 예전부터 필연의 법칙, 즉 기계론적인 인과의 법칙에 따라 무한한 빈 공간 속에서 항상 움직이고 있었다는 겁니다. 원자들은 빈 공간 속에서 불규칙적으로 움직이다가 서로 부딪쳐서 합쳐지기도 하고 분리되기도 합니다. 그래서 우리가 눈에 볼 수 있는 세상의 온갖 물체들을 만들어낸다는 겁니다.

현대 물리학자들도 원자를 인정합니다. 분자를 쪼개면 원자가 되고, 원자를 쪼개면 전자니 핵이니 양성자니 중성자 같은 것들이 됩니다. 하지만 데모크리토스가 처음 정의한 원자는 더 이상 쪼개지지 않는 것이었고, 이 정의에 입각하면 그의 원자는 현대 물리학의 순서상의 원자가 아니라 최종 입자가 될 수 있겠지요.

원자들의 개수는 무한하면서도 서로 다르게 생겼습니다. 다르게 생긴 모양들이 우리에게는 구체적인 성질들로 드러납니다. 뾰족하게 생긴 원자는 우리가 느끼기엔 짠맛이 될 수 있고, 둥글게 생긴 원자는 단맛으로 느낄 수 있습니다. 이렇게 원자들은 생긴 모양을 통해 감각적 성질들을 만들어냅니다. 원자들은 서로 결합하기도 하고 분리되기도 한다니, 단순하게 원자들의 모양만을 가지고 셀 수 없이 다양한 무한한 성질들을 만들어낼 수 있게 됩니다.

내 생각은 좀 달라요. "모든 것은 원자로 이루어져 있지요." 원자는 atom, 즉 더이상 쪼개지지(tom) 않는 것(a)이라는 것인데, 이 원자들이 빈 공간 속에서 불규칙적으로 움직이다가 서로 부딪쳐서 합쳐지기도 하고 분리되기도 하지요. 그래서 우리가 눈에 볼 수 있는 세상의 온갖 물체들을 만들어낸다 이겁니다.

Demokritos

데모크리토스

Empedokles

엠페도클레스

모든 것은 물, 불, 흙, 공기 네가지 원소로 이루어져 있다. 그리고 그것들은 파르메니데스의 존재처럼 생겨나거나 없어지지 않는다. 또 꽉 차 있지만 그 안에 있는 것들은 운동할 수 있다. 서로 자리를 바꿔가면서 말이다.

Anaxagoras

아낙사고라스

엠페도클레스 씨? 보기보다 소심하시네요. 내 머리카락은 물, 불, 흙, 공기로 이루어져 있지요. 내 앞에 있는 돌멩이도 마찬가지고요. 단지 이것들이 어떤 비율로 섞여 있느냐에 따라 같은 물, 불, 흙, 공기라해도 어떤 것은 머리카락이라 하고 어떤 것은 살이라고 할 따름이죠.

소피스트들과 소크라테스

관심을 자연에서 인간에게로

자신의 지식을 파는 소피스트의 등장

소피스트들은 이전의 자연을 탐구하던 사상가들에서 인간의 구체적인 삶으로 관심을 돌리기 시작한 사람들입니다. 플라톤은 그가 남긴 여러 저작에서 소피스트들을 소크라테스의 대화 상대자들로 등장시키고, 말만 번지르르하게 할 뿐 옳지 못한 말들을 하고 다니는 사기꾼들 비슷하게 그리고 있습니다. 그렇다고 해서 소크라테스의 제자였던 플라톤 때문에 소피스트들을 궤변론자들이라고 단언할 이유는 없습니다.

소피스트란 당대 용어로 지식인을 뜻했으며, 자신의 지식을 팔아서 먹고산 최초의 전문 직업인들이었습니다. 그러니까 현재 교사들이나 교수들도 모두 소피스트들의 후예입니다. 좀 더 구체적으로 말하자면, 그들은 오늘날로 치면 변호사나 검사, 법대나 정치학과 교수, 신문방송학과의 교수쯤으로 분류될 수 있을 겁니다. 그들의 가르침에는 효과적인 의사소통 기술, 남을 어떻게 설득해야 하는가라는 수사의 기술이 담겨 있었습니다.

당대의 그리스는 소피스트들의 수사술이 꽃피기 위한 훌륭한 기회를 제공하고 있었습니다. 귀족주의 사회가 무너지고 민주주의가 태동하고 융성하기 시작하면서 말 잘하는 사람이 정치 일선에서 두각을 나타낼 수 있게 되었고, 사람들은 어떻게 하면 남을 효과적으로 설득할 수 있을지에 관심을 기울이던 시기였습니다. 하지만 진리가 따로 있고 그 진리를 누군가에게 전달하는 데 관심이 있었던 것이 아니라, 아무리 황당한 생각이라도 어떻게 하면 효과적으로 남들에게 전달하여 소기의 목적을 달성하는지가 관심사였습니다. 때문에 전통적인 그리스의 가치관들이 그 기반을 점차 잃어가던 시기이기도 했습니다.

내가 진리의 기준이다

|

프로타고라스는 "인간은 만물의 척도다. 있는 것들에 대해서도, 없는 것들에 대해서도……"라는 유명한 말을 남겼습니다. 있는 모든 것에 대해서는 인간이 바로 그 기준이요 척도가 된다는 이 주장은 소피스트들의 상대주의를 한마디로 집약한 슬로건이라고 할 수도 있습니다.

이 말을 극단적으로 밀고 나가면, 어떤 사안에 대해 남들이 어떻게 판단하는지와 상관없이 나 자신만이 그 사안에 대한 옳고 그름의 기준이 될 수 있다는 말이 됩니다. 객관적으로 뭐가 옳은지 판가름할 이유가 없어집니다. 그저 내 생각이 최고가 되는 것이고, 내 생각을 어떻게 효과적으로 남들에게 설득시킬지가 사안의 중심이 되어버립니다.

사회는 나 혼자만 사는 곳이 아니므로, 모든 이가 이렇게 생각한다면 문제가 심각해집니다. 거래의 현장에서, 누군가에게 소송을 당했을 때 조차도 믿을 건 내 세 치 혀뿐입니다. 말싸움에서 지기라도 한다면 정말 억울하게 피해를 볼 수도 있게 되는 겁니다.

그리스의 민주주의 사회에서는 법정에 검사, 변호사, 판사가 따로 있지 않았습니다. 누가 나를 고소하면 법정으로 갑니다. 날 고발한 자가 나를 사형시켜야 한다는 일장 연설을 하고, 내가 나가서 나의 억울함을 변론하면, 판결은 거기에 모여 있던 시민들이 하게 됩니다. 상황이 이러니 소피스트들이 인기가 있을 수밖에 없었겠지요.

국가의 중대 사안을 결정할 때도 마찬가지입니다. 전쟁을 주장하는 정치 지도자가 시민들 앞에서 일장 연설을 하고, 전쟁 반대파가 연설을 한 후에는 시민들이 다수결로 결정해버립니다. 말만 잘하면 사적인 영역에서나 공적인 영역에서 크게 대접받을 수 있는 사회였습니다.

고르기아스가 남긴 "아무것도 없다. 있어도 알 수 없다. 알아도 전달할 수 없다"라는 말도 프로타고라스의 말과 근본적으로는 다르지 않습니다. 그가 아무것도 없다고 한 대상은 진짜로 있다고 말하던 기존의 가치관들을 가리킵니다. 절대적인 기준에 입각해서 진리를 말할 수 있는 것이 아니라, 말을 통한 의사소통 속에서 진리는 만들어가는 것이라는 생각입니다. 진리의 기준이란 건 없습니다. 우리는 말만 가지고 있을 뿐입니다.

소크라테스는 왜 사형을 당했나?

|

소크라테스에 대해서는 그가 재판을 받고 시민들로 하여금 사형 판결을 받을 수밖에 없었던 이유를 설명하는 것으로 만족해야 할 것 같습니다.

첫 번째로 정치적인 이유가 있었습니다. 아테네는 이웃 나라 스파

소크라테스를 구출하라

르타와 벌인 펠로폰네소스 전쟁 이후 몰락의 길을 걷게 됩니다. 바로 이 펠로폰네소스 전쟁의 패배 이후, 귀족주의자들과 민주주의자들 사이에 권력 투쟁이 있었는데, 소크라테스의 친구들이 모두 귀족주의자들이었습니다.

그런데 이 귀족주의자들이 대략 반년 사이에 3만 명의 아테네 시민들 중에서 무려 1,800명을 죽이는 공포 정치를 행하게 됩니다. 이후 민주주의자들이 재집권한 후에 보복 금지를 공표하기는 했지만, 공포 정치를 행하던 귀족주의자들에 대한 감정의 앙금이 소크라테스에게 쏟아진 것입니다.

두 번째 이유로는 아리스토파네스라는 희극 작가가 자신의 작품 속에서 그린 소크라테스에 대한 이미지 때문이었습니다. 희극 작품 하나가 얼마나 큰 영향력을 발휘했겠어라고 의심할 필요는 없습니다. 아리스토파네스의 〈구름〉이라는 작품은 지금으로 치면 베스트셀러 1위 자리를 차지했던 작품이었으니까요. 모든 아테네 시민들이 그의 공연을 보았을 것이고, 이는 천만 관객을 동원한 지금의 영화 한 편보다 더 큰 파괴력을 가지고 있었을 것입니다.

이 작품에서 아리스토파네스는 소크라테스를 소피스트들의 원조로 그립니다. 그는 빌린 돈을 갚지 않게 만드는 기술을 가르치는 자이며, 아들에게 수사술을 가르쳐 아버지를 때리게 만들고 궤변으로 정당화하게 만드는 자입니다.

또한 작품 속에서 소크라테스는 하늘과 땅에 대해 이리저리 캐묻고 다니며, 제우스를 부정하고 구름을 신격화하는 자입니다. 그의 고발장에는 '젊은이들을 타락시켰다'는 것과 '아테네의 신을 부인하고 이상한 신을 섬겼다'는 내용이 담겨 있었습니다.

〈구름〉 속 소크라테스의 이미지를 고발하고 있습니다. 실제로 소크라테스가 만나고 다니던 사람들은 일반 대중이 아니었고, 당대 지식인들이었습니다. 소문은 돌았겠지만 일반 시민들이 작품 속의 소크라테스와 실제의 소크라테스를 혼동했다는 거지요. 당대 아테네 시민들에게는 소피스트들과 소크라테스를 구분해서 판단할 분별력이 없었습니다.

또 당대 지식인들과 권력자들을 찾아다니며 그들의 권위를 손상시킨 것이 세 번째 이유가 될 수 있겠습니다. 이 과정에서 많은 적들을 만들었을 것이며, 그를 고발한 사람들도 그 와중에 그에게 앙심을 품었을 수도 있었을 겁니다.

소크라테스

프로타고라스

고르기아스